古陶述史

陕西陶器精粹

田小娟 著

科学出版社
北京

内 容 简 介

本书精选了陕西历年发掘、收集等的陶器，共选取350件器物进行展示。首先对陕西史前遗址的彩陶、一般陶器进行分类叙述，以图片和文字描述的形式对上述两种器类进行描述和分析。之后分别对先秦时期的日常陶器、仿铜陶礼器，秦汉反映地主庄园经济生活的建筑模型、生活日用陶器，唐代色彩斑斓的三彩器，宋金辽时期的陶器，明清时期的紫砂器进行分类描述和介绍，系统梳理了陕西历代陶器展现的发展演变历史，使得读者对于陕西出土的陶器类器物有一个较为清晰的认知。

本书可供从事考古、文物、历史研究等专业的学者及高等院校相关专业的师生阅读和参考。

图书在版编目（CIP）数据

古陶述史：陕西陶器精粹 / 田小娟著. -- 北京：科学出版社，2025. 6. —(陕西历史博物馆学术文库). -- ISBN 978-7-03-082341-0

Ⅰ. K876.3

中国国家版本馆CIP数据核字第2025X1U073号

责任编辑：王　蕾 / 责任校对：邹慧卿

责任印制：肖　兴 / 封面设计：金舵手世纪

科学出版社 出版

北京东黄城根北街16号

邮政编码：100717

http://www.sciencep.com

北京中科印刷有限公司印刷

科学出版社发行　各地新华书店经销

*

2025年6月第　一　版　开本：787×1092　1/16

2025年6月第一次印刷　印张：20

字数：480 000

定价：238.00 元

（如有印装质量问题，我社负责调换）

陶器是人类发展过程中使用最为频繁，也是最为得心应手的器物之一。陶器是土、水和火抟而成之，是人类历史上第一个运用化学原理的材料合成技术。陶器不仅为人们的生活提供了方便，也改变了人们的生产方式。陶器出现于原始先民生产和生活的方方面面，小到日常用具，大到宗教祭祀，不仅用于饮食、炊煮、盛储、汲水等，还用于音乐、宗教、建筑、纺织、渔猎等。目前，在世界上已发现最早的陶容器是江西万年仙人洞的远古先民制造的，距今已经2万年了。距今1万年左右，陶器的烧制开始普遍，黄河流域出土众多距今8000年左右的陶器。

陕西位于黄河中游地区，这里是中华文明的发祥地，在这片土地上有距今8000～7000年的老官台文化，分布在关中和陕南地区，其代表性遗址有老官台、白家、北刘、北首岭、关桃园、龙岗寺、李家村、何家湾等，出土的陶器以红陶为主。均为手制，普遍采用泥片贴塑法、捏塑法和泥条盘筑法制成，将泥搓成条状后一圈一圈地盘筑，成形以后用手将泥条的痕迹抚平，是陶器制作的创新，这使得陶工可以根据不同的功用自由控制容器的大小和形状。特点是陶色不纯，氧化现象普遍，装饰简单，以绳纹为主要特征，并有部分附加堆纹，且存在器表色泽不一的现象。

这一时期，彩陶开始萌芽，彩陶是在陶器塑形后用天然的矿物颜料绘纹饰于器具上再进行烧制成形的陶器，彩陶的纹饰经烧制后不易脱落，与陶器表面融为一体。颜色多为红色，黑彩少见，宽带红彩最为常见，还有富有特色的波折纹、“山”字纹、蝌蚪形纹和放射状星点纹等简单的图案。陶器的器形组合主要为平底钵、平底碗、圜底钵、三足钵、圈足碗、三足筒形罐、三足鼓腹罐、平底罐等。器物造型单调，大多型小壁薄。此外，陶制的工具开始使用。

仰韶文化时期，是彩陶迅猛发展的时期。在陕西这片古老的土地上，原始先民创造了半坡类型、庙底沟类型的文化，这一时期的彩陶工艺成熟，通常是用赭、红、黑等颜料在陶坯上画出各种图形，经过入窑烧制后，在器物表面形成不易脱落的彩绘纹饰。有的在彩绘之前，于器物表面先施一层白色陶衣，使彩绘花纹更为鲜明。陶器器形丰富，有罐、钵、瓶、盆、碗、盂、杯等十几种，尤以尖底瓶为其特色。当时人们还掌握了慢轮修整的技术，所以大量陶器多素面及磨光；当转轮塑陶的方法被发明出来后，陶器造型更加规整。鱼纹及人面鱼纹、鸟衔鱼纹是半坡类型常见的纹饰，代表作品有西安半坡遗址出土的人面鱼纹盆，临潼姜寨遗址出土的人面纹彩陶葫芦瓶，宝鸡北首岭遗址出土的彩陶船形壶、鸟啄鱼纹壶，南郑龙岗寺遗址出土的彩陶十二人面纹尖底罐等。庙底沟类型的陶器造型饱满，挺秀而稳重，纹饰以写实鱼、鸟、花、叶为主题，杨官寨遗址的蜥蜴纹彩陶盆，泉户村遗址出土的鸮鼎，都是中国彩陶中的精品。陶制工具数量所占比例很大，如纺轮、网坠、陶球、陶拍、陶刀、陶镰等，在生产劳动中广泛应用，这是仰韶时期陶器的一大特点。

墓葬出土陶器的数量、大小呈现不均等的分配，说明“礼”在先民中也开始有所体现，并开始萌芽。陶埙、陶响铃、陶鼓等乐器的出现和使用，反映了先民们在娱乐生活方面的需求和享受。

陶器还可以作为葬具，如瓮棺葬中，陶器作为棺连接着生死的两极，也许其先是巫术和宗教仪式的“法具”和阴阳转换，最后再作为陪葬品，表现着远古人类的丧葬观念。

陕西龙山文化时期的遗址遍布全省，陶器生产无论数量还是质量，都取得了空前的成就。高速而稳定旋转的陶车（快轮制陶技术）普及了，生产效率大大提高。彩陶衰落，龙山的陶器多使用泥质灰陶，陶器纹饰以篮纹、网格纹、粗绳纹等纹饰为主。三足器发达，有鬲、斝、鼎、鬶；饮食器有罐、碗、盘、盆。同时出现了专用的陶制礼器，阶级分化明显，“礼”的观念已经逐步形成，为青铜时代“礼”的发展奠定了基础。龙山中晚期，陶瓦出现了，在芦山峁遗址、石峁遗址都出土有大型板瓦。

夏商周时期，陶器开始衰落，陕西此时期各遗址出土的陶器，从质地看有夹砂和泥质两种，大致可分为灰陶、白陶、印纹陶、红陶等。其中以日常生活用品为大宗，多为灰陶，或饰绳纹、篮纹、各种复杂图案，或拍印、锥刺、刻划、堆塑加以装饰，或素面抹光。陕西地区夏商时期的陶器又因地域不同可分为不同的类型，划分出不同的考古学文化，墓葬出土的陶器组合可作为一种理解商周时期丧葬习俗的途径，器类主要有觚、爵、斝、尊、壶、豆、鼎、罐、鬲等。西周中晚期，仿铜陶器的制作，集中体现出轮制技术的发展水平。这种陶器较商代多且精致，分布的范围也更广。

夏商周时期，陶瓦、陶砖滥觞，西周时期的陶质建筑材料有砖、瓦、陶水管等，最突出的是瓦的大量使用，烧制覆盖贵族屋顶上的板瓦和筒瓦使茅草顶的建筑发生了巨大的变化，大屋顶式的传统建筑格局更趋完备。

春秋战国时期，陕西地区最常见的墓葬陶器是秦文化为代表的彩绘陶礼器和战国早期出现的麻点纹式陶釜，这类器物主要集中在秦人统治的核心区域——汧河流域的宝鸡市陇县、千阳县和陈仓区等。这个时期的彩绘陶器主要出现在贵族墓葬中，彩绘陶器是在烧制好的泥质灰陶上，白衣为底，红黑为彩，绘制出几何形纹、三角分区的变体简化兽面纹、铺首衔环纹、鸟纹等，器物组合以仿铜陶礼器为主，主要器形有鼎、壶、盒、仓等，体现着整个社会的风气从礼制习俗向经济享受习俗转变。而中下层墓葬中常出土的则是麻点纹的陶釜、蒜头壶等器物。春秋战国时期的陶器种类开始大量增加，出现了很多新的器型，尤其是陇县边家庄出土的彩绘鼎、簋、壶、囷、陶兽等器物，都说明丧葬习俗的器物不断增加，反映了社会秩序的变化，这也许就是秦制取代周礼治理国家理念的变化吧！陕西西安、咸阳、宝鸡、渭南、商洛等地发现的东周墓葬中，都出土有大量的彩绘陶器。

春秋到秦汉时期，高台建筑对建筑构件的需求大增，与商周时期相比有了长足的进步和发展，这一时期陶质建筑材料的制作和使用，尤其是空心砖、陶水管道、几何纹砖、板瓦、筒瓦、瓦当等，在历年的考古发掘中最为多见。使用率最高的是瓦当和陶水管。瓦当的变化非常明显，从凤翔豆腐村的动物纹瓦当开始，逐渐过渡到各类云纹瓦当，到了汉代，文字瓦当取代云纹瓦当成为宫殿的主宗，这也为秦汉时期离宫别馆的识别提供了可靠的实物资料。陶水管道出土的类型更加多样，有五角陶管道、拐角陶管道，这都是建筑材料大发展的结果。

秦代陶器，其原料多经淘洗加工，质地细腻，颜色为浅灰色。秦汉时期陶器以泥质灰陶为主，有的泥料很精细，有的则掺有细砂。由于陶土中氧化铁含量和烧成火候的差异，颜色也就不同，除灰陶外，还有红陶和黑陶。以质地分为硬陶和软陶，硬陶多作生活用具，软陶往往涂朱绘彩，装饰繁缛，为殉葬用的明器。器物表面所饰弦纹多为轮制过程中形成。典型器物有茧形壶、盆、鬲、釜、盂、豆、罐、缶、瓮、仓等，其中罐、缶、瓮等大体量陶器，器身多有地名、姓氏、容量等刻划文字。不少器皿造型独特，如茧形壶，又俗称鸭蛋壶，腹部向两侧横长延伸，酷似蚕茧，又似鸭蛋，因以得名；陶囷（仓），为明器，战国时秦墓中就有发现，上有模拟斜坡式的圆形屋顶，囷身正面中间开有一个扁方形门洞。陕西地区汉代陶器的一大特点是工艺水平很高，造型优美，质地精良。品种、装饰则因所处地域不同而有所差异。关中地区常见的日用陶器有罐、壶、碗、盘、盆、瓮、甑、釜、杯、茧形壶、钵等。明器包括仿铜陶礼器鼎、盒、钫，明器仓模型、囷、炉、灶、井以及各种动物模型。由于“事死如事生”丧葬观念的盛行，为适应人们的厚葬之需，盘、案、杯等仿漆器类器物逐渐成组出现。器表装饰有弦纹、刻划三角纹、连环纹、栉齿纹、动物纹、绳纹、拍印纹、模印、浮雕等。其中装饰于陶灶、陶井等模型明器表面的模印动物图案及几何图案等最具特色。

秦汉彩绘陶更为常见，是彩绘陶发展的一个高潮。彩绘所用色彩有红、赭、黑、黄、白、绿、紫等，图案有几何花纹、四灵（青龙、白虎、朱雀、玄武）、云气、动植物纹、反映升仙和天界等的图案，有具象图案也有抽象图案，这也是当时崇道思想的反映。其造型几乎包括了各种生活器皿。除了鼎、敦、簋、壶等仿铜陶礼器外，诸如豆、碗、盘、杯、盒、罐、炉等各种日用陶器也十分多见。由于施彩工艺流程不同于原始社会彩陶在陶胎上描绘后进行烧制，而是在烧成的陶坯上描绘图案，因而彩绘纹饰容易脱落。

汉代陶器在西汉中期又出现了新的变化——釉陶器取代了彩绘陶器成为墓葬礼制的大宗。釉多为浓厚的黄色、酱色或绿色，烧成温度为700～800℃，内胎呈砖红色。釉中含有多量的氧化铅，故称“铅釉”，多见于随葬品中的鼎、盒、壶、钫、樽、罐、灶、井及住宅、圈舍、动物模型等器皿。铅釉的熔融温度低，高温下黏度小，流动性较大，可以比较均匀地覆盖于器物表面，冷却后釉色清澈透明，平整光滑，玻璃质感较强，光彩照人，故有很好的装饰作用。由于这种铅釉有毒性已为当时的人们所知晓，所以施釉陶器多作明器，日常生活用品中并不使用。汉代铅釉陶的流行开创了我国低温釉陶大量生产的先河。

东汉以后，随着瓷器烧造技术的日臻成熟，陶器逐渐退出主导地位，最终成为主要供社会普通民众使用的生活用品和随葬用品。而西汉中期发明的铅釉技术则经过不断改进升华，至南北朝时期出现了双色釉，至唐代发展为流光溢彩的三彩器。

唐三彩是我国唐代生产的一种低温多彩铅釉陶。它以黄、绿、白、褚、褐、蓝等色调交替或交融使用，呈现出鲜艳灿烂的色彩。器表往往饰有双彩、三彩和多彩，因三者为众，所以称为唐三彩。在同一器物上交错使用多种釉色，色彩更加缤纷亮丽。目前所见年代最早的是麟德元年（664）陪葬昭陵的郑仁泰墓中发现的一件蓝彩残器盖，而完整的三彩器出自咸亨三年（672）陪葬昭陵的太宗妃燕氏墓和赵王李福墓，均属初唐时期。三彩器皿多采用捏塑、轮制、模制相结合的方式制成，也有使用单一的方式制作而成的。陕西唐墓中出土数量较多的器皿，如洗、盆、碗、盘等种类多为轮制。施釉技巧和装饰手法利用铅釉流动性强的特点，并采用釉汁点描、斑描、涂绘、泼洒、绞釉等多种方法，形成了三彩器物上特有的丰富多彩的图案花纹。富平李凤墓出土的双联盘，先用刻刀刻划出花纹图案，然后按照不同的部位填加各种釉彩，采用的是填釉法。安史之乱后，三彩器物的制作明显减少。唐亡之后，三彩器余绪尚存，在它的影响下后来又产生了“辽三彩”“金三彩”，然数量、质量以及艺术水准都远逊于唐三彩。低温釉陶工艺又被运用到建筑材料方面，从而制作出大量的黄绿釉彩的琉璃砖瓦。

宋元时期，饮茶风气日盛，茶具中又开发了新的品种——紫砂。紫砂烧制年代最早可能上溯到北宋晚期，至迟在元朝中叶。明清是紫砂发展史上的繁荣时期，文人茶风的盛行以及广大劳动人民以茶作为饮品的社会需求，也在一定程度上直接刺激着紫砂工艺的发展。

目录

陕西古代陶器概述 / i

史前陶器

彩陶 / 二
1 宽带纹三足彩陶钵 / 二
2 人面鱼纹彩陶盆 / 二
3 人面网纹彩陶盆 / 三
4 五鱼纹彩陶盆 / 四
5 网纹彩陶盆 / 五
6 彩陶盆 / 五
7 双鱼纹彩陶盆 / 六
8 几何鱼纹彩陶盆 / 七
9 鱼纹彩陶盆 / 七
10 波折纹彩陶盆 / 八
11 波折纹彩陶钵 / 九
12 斜线三角纹彩陶钵 / 九
13 三角纹彩陶钵 / 一〇
14 斜线纹彩陶钵 / 一〇
15 刻符彩陶钵 / 一一
16 刻符彩陶钵 / 一二
17 刻符彩陶钵 / 一二
18 刻符彩陶钵 / 一三
19 宽带纹彩陶钵 / 一三
20 宽带纹彩陶钵 / 一四
21 宽带纹彩陶钵 / 一四
22 宽带纹彩陶钵 / 一五
23 宽带纹彩陶钵 / 一五
24 几何鱼纹彩陶葫芦瓶 / 一六
25 几何鱼纹彩陶葫芦瓶 / 一七
26 变体鱼纹彩陶葫芦瓶 / 一八
27 鸟鱼纹彩陶葫芦瓶 / 一九
28 兽面鱼纹彩陶葫芦瓶 / 二〇
29 人面鱼纹彩陶葫芦瓶 / 二一
30 几何人面纹彩陶葫芦瓶 / 二二
31 鱼纹彩陶葫芦瓶 / 二三
32 几何鱼纹彩陶细颈壶 / 二四
33 变体鱼纹彩陶细颈壶 / 二五
34 兽面纹彩陶细颈壶 / 二六
35 波折纹彩陶细颈壶 / 二七
36 波折纹彩陶细颈壶 / 二八
37 波折纹彩陶小口瓶 / 二九
38 波折纹彩陶尖底瓶 / 三〇
39 几何纹彩陶尖底罐 / 三一
40 双鱼纹彩陶尖底罐 / 三二
41 人面鱼纹彩陶尖底罐 / 三三
42 堆塑纹彩陶尖底罐 / 三四
43 “冂”纹彩陶小平底罐 / 三五
44 几何纹彩陶罐 / 三六
45 彩陶摇响器 / 三六
46 勾叶圆点纹彩陶盆 / 三七
47 花卉几何纹彩陶盆 / 三七
48 蜥蜴纹彩陶盆 / 三八
49 花卉纹彩陶盆 / 三八
50 变形鱼纹彩陶盆 / 三九
51 花卉纹彩陶盆 / 三九

52　花卉纹彩陶罐　/　四〇
53　花卉纹高圈足彩陶盘　/　四二
54　漩涡纹彩陶尖底瓶　/　四三
55　网格纹彩陶尖底瓶　/　四四
56　三角纹彩陶罐　/　四五

一般陶器　/　四六
57　红陶宽沿盆　/　四六
58　席纹红陶碗　/　四六
59　对口红陶钵　/　四七
60　席纹红陶钵　/　四七
61　红陶双耳尖底瓶　/　四八
62　红陶双耳尖底瓶　/　四八
63　红陶双耳尖底瓶　/　四九
64　红陶双耳尖底瓶　/　五〇
65　红陶尖底瓶　/　五一
66　红陶双耳葫芦瓶　/　五二
67　灰陶葫芦瓶　/　五三
68　红陶细颈壶　/　五四
69　黑陶细颈壶　/　五五
70　灰陶细颈壶　/　五六
71　剔刺纹红陶细颈壶　/　五六
72　指甲纹红陶细颈壶　/　五七
73　红陶人头壶　/　五八
74　红陶船形壶　/　五九
75　堆塑纹红陶尖底罐　/　五九
76　堆塑纹红陶尖底罐　/　六〇
77　堆塑纹红陶尖底罐　/　六一
78　弦纹红陶罐　/　六二
79　红陶折腹罐　/　六三
80　馒头形红褐陶罐　/　六三
81　红陶带盖罐　/　六四
82　红陶带盖罐　/　六四
83　红陶带盖罐　/　六五
84　红陶带盖四纽罐　/　六五
85　红陶带盖四纽罐　/　六六
86　红陶带盖四纽罐　/　六六
87　指甲纹红陶罐　/　六七
88　剔刺纹红陶罐　/　六八
89　剔刺纹红陶罐　/　六九
90　弦纹红陶罐　/　六九
91　红陶盂　/　七〇
92　绳纹红陶瓮　/　七一
93　红陶豆　/　七二
94　红陶澄滤器　/　七三
95　灰陶刀　/　七三
96　红陶鹰纽　/　七四
97　红陶兽纽　/　七四
98　红陶尖底瓶　/　七五
99　红陶龟形壶　/　七六
100　红陶高领罐　/　七七
101　红陶高领罐　/　七八
102　褐陶杯　/　七九
103　红陶塑人头像　/　七九
104　涂朱砂灰陶人头像　/　八〇
105　镂空红陶人面覆盆形器　/　八一
106　镂空灰陶人面覆盆形器　/　八二
107　镂空红陶人面陶豆　/　八三
108　红陶房屋模型　/　八三
109　红陶双釜灶　/　八四

110 红陶双釜灶 / 八五
111 红陶釜灶 / 八六
112 贴塑壁虎纹红陶罐 / 八七
113 贴塑蛇纹红陶罐 / 八八
114 红陶塑人像 / 八九
115 红陶人像 / 八九

龙山文化 / 九〇

116 灰陶斝 / 九〇
117 黑陶斝 / 九一
118 灰陶盉 / 九二
119 灰陶盉 / 九二
120 灰陶壶 / 九三
121 黑陶大口觚 / 九四
122 刻划兽纹灰陶觚 / 九五
123 灰陶单耳杯 / 九六
124 红陶单把杯 / 九六
125 蛇曲纹灰陶罐 / 九七
126 灰陶高领罐 / 九八
127 红陶偏口罐 / 九八
128 灰陶双系罐 / 九九
129 红陶双耳罐 / 一〇〇
130 灰陶三耳罐 / 一〇一
131 灰陶三足瓮 / 一〇二
132 堆贴方格纹灰陶鼓 / 一〇三

先秦时期

133 釜形鼎 / 一〇六
134 灰陶斝 / 一〇七
135 灰陶三足瓮 / 一〇八
136 黑陶双耳罐 / 一〇九
137 花边口红陶罐 / 一一〇
138 单耳花边口褐陶罐 / 一一〇
139 红陶鬲 / 一一一
140 灰陶鬲 / 一一一
141 灰陶高领袋足鬲 / 一一二
142 灰陶花边口鬲 / 一一三
143 灰陶高领袋足鬲 / 一一四
144 红陶鬲 / 一一五
145 兽面纹灰陶簋 / 一一六
146 灰陶簋 / 一一七
147 黑皮陶簋 / 一一八
148 红陶假腹豆 / 一一八
149 灰陶豆 / 一一九
150 灰陶尊 / 一二〇
151 红陶双耳杯 / 一二一
152 灰陶单鋬罐 / 一二一
153 灰陶圜底双耳罐 / 一二二
154 灰陶折肩罐 / 一二三
155 马鞍口罐 / 一二四
156 灰陶瓮 / 一二五
157 灰陶鬲 / 一二六
158 灰陶鬲 / 一二六
159 灰陶鬲 / 一二七
160 灰陶鬲 / 一二七
161 灰陶鬲 / 一二八
162 灰陶簋 / 一二九

163 灰陶豆 / 一三〇
164 灰陶贯耳壶 / 一三一
165 灰陶贯耳壶 / 一三二
166 红陶盉 / 一三三
167 索耳灰陶盘 / 一三四
168 灰陶尖底罐 / 一三四
169 灰陶单鋬双联罐 / 一三五
170 周易卦文灰陶罐 / 一三六
171 灰陶罐 / 一三七
172 灰陶罐 / 一三八
173 彩绘折肩灰陶罐 / 一三九
174 彩绘折腹灰陶罐 / 一三九
175 灰陶三足罐 / 一四〇
176 灰陶三足瓮 / 一四一
177 红陶三足瓮 / 一四二
178 灰陶多孔器 / 一四三
179 灰陶甗 / 一四三
180 陶鼎 / 一四四
181 彩绘灰陶簋 / 一四五
182 彩绘灰陶壶 / 一四六
183 彩绘灰陶壶 / 一四七
184 彩绘灰陶壶 / 一四八
185 莲盖灰陶漆壶 / 一四九
186 刻字灰陶囷 / 一五〇
187 彩绘灰陶囷 / 一五一
188 彩绘灰陶仓 / 一五二
189 大喇叭口灰陶罐 / 一五三
190 灰陶大口罐 / 一五四
191 灰陶三足瓮 / 一五五
192 褐陶铲足鬲 / 一五六
193 灰陶敦 / 一五六
194 灰陶盉 / 一五七
195 灰陶豆 / 一五七
196 “频市”灰陶甑 / 一五八
197 “频市”灰陶罐 / 一六〇
198 “隐成吕氏”灰陶缶 / 一六一
199 “北园吕氏”灰陶缶 / 一六二
200 “浆廥”灰陶罐 / 一六四
201 “频亭”红陶釜 / 一六五
202 “咸成重遨”灰陶釜 / 一六六
203 红陶鏊 / 一六七
204 灰陶响器 / 一六七

秦汉时期

205 灰陶茧形壶 / 一七〇
206 彩绘灰陶鼎 / 一七一
207 酱釉灰陶鼎 / 一七二
208 黄釉彩绘红陶鼎 / 一七三
209 灰陶甗 / 一七四
210 绿釉灰陶甗 / 一七五
211 彩绘灰陶锺 / 一七六
212 黄釉白彩红陶壶 / 一七七
213 绿釉灰陶壶 / 一七八
214 双耳褐釉红陶壶 / 一七九
215 彩绘灰陶钫 / 一八〇
216 黄釉白彩红陶钫 / 一八一
217 彩绘灰陶茧形壶 / 一八二
218 黑陶茧形壶 / 一八三
219 彩绘灰陶盒 / 一八四
220 黄釉灰陶盒 / 一八五

221 褐釉灰陶魁 / 一八六
222 黄釉灰陶罐 / 一八六
223 黄釉红陶奁 / 一八七
224 “南陵”灰陶水缶 / 一八八
225 “合阳”灰陶罐 / 一八九
226 “齐盐鲁豉”灰陶双联罐 / 一九〇
227 “建宁五年”红陶盆 / 一九一
228 “太始”灰陶蒜头壶 / 一九二
229 绿釉红陶仓 / 一九三
230 绿釉红陶仓 / 一九四
231 酱釉鸡盖红陶困 / 一九五
232 “黍粟”绿釉红陶困 / 一九六
233 树枝纹彩绘灰陶仓 / 一九七
234 几何纹彩绘灰陶仓 / 一九八
235 几何纹彩绘灰陶困 / 一九九
236 蔓草纹彩绘灰陶困 / 二〇〇
237 杂技俑盖黄釉红陶仓 / 二〇一
238 灰陶耳杯 / 二〇二
239 绿釉红陶楼 / 二〇三
240 红陶双阙 / 二〇四
241 绿釉胡人烛台 / 二〇五
242 绿釉灰陶孔雀灯 / 二〇六
243 彩绘朱雀红陶灯 / 二〇七
244 绿釉红陶磨房 / 二〇八
245 黄釉红陶磨 / 二〇八
246 灰陶灶 / 二〇九
247 黄釉红陶灶 / 二一〇
248 灰陶灶 / 二一一
249 绿釉红陶井 / 二一二
250 红陶井 / 二一三
251 绿釉红陶羊圈 / 二一四
252 红陶猪圈 / 二一四
253 绿釉红陶厕 / 二一五
254 红陶陂池 / 二一六
255 红陶陂池 / 二一七
256 红陶水田 / 二一八
257 红陶摇钱树座 / 二一九
258 灰陶编钟 / 二二〇
259 灰陶围棋盘 / 二二〇
260 灰陶棺 / 二二一

唐—清

261 绿釉碗 / 二二四
262 三彩盘 / 二二五
263 三彩三足盘 / 二二五
264 三彩双联盘 / 二二六
265 三彩龙首角形杯 / 二二七
266 三彩象首杯 / 二二八
267 三彩鸂鶒酒卮 / 二二九
268 三彩唾盂 / 二三〇
269 三彩盂 / 二三〇
270 三彩洗 / 二三一
271 赭釉瓶 / 二三二
272 绿釉双螭瓶 / 二三三
273 三彩净瓶 / 二三四
274 三彩葫芦瓶 / 二三五
275 三彩荷叶口执壶 / 二三五
276 三彩凤首壶 / 二三六

277 三彩凤首壶 / 二三七
278 三彩双鱼壶 / 二三八
279 三彩堆花双耳扁壶 / 二三九
280 白釉皮囊形壶 / 二四〇
281 三彩四系注子 / 二四一
282 三彩罐 / 二四二
283 褐釉高足弦纹盖罐 / 二四三
284 三彩三足盖罐 / 二四四
285 点蓝彩盖罐 / 二四五
286 绞釉罐 / 二四六
287 三彩四系罐 / 二四七
288 三彩罐 / 二四八
289 三彩短流罐 / 二四九
290 绞胎贴面水盂 / 二四九
291 三彩粉盒 / 二五〇
292 三彩粉盒 / 二五一
293 绞胎粉盒 / 二五一
294 三彩熨斗 / 二五二
295 三彩钱柜 / 二五三
296 三彩“丙子年”款陶仓 / 二五四
297 三彩莲瓣纹器座 / 二五六
298 三彩宝相花纹枕 / 二五七
299 三彩菱花纹枕 / 二五七
300 三彩犀牛枕 / 二五八
301 绞胎方枕 / 二五九
302 三彩辟雍砚 / 二六〇
303 三彩南瓜 / 二六〇
304 素烧狮形香熏 / 二六一
305 彩绘陶炉灶 / 二六二
306 白陶碓模型 / 二六三
307 三彩塔式罐 / 二六四
308 三彩四孝塔式罐 / 二六五
309 彩绘塔式罐 / 二六六
310 彩绘象座塔式罐 / 二六七
311 三彩建筑模型 / 二六八
312 三彩建筑模型 / 二六九
313 三彩建筑模型 / 二七〇
314 三彩灯 / 二七一
315 素烧执壶 / 二七二
316 三彩鸡冠壶 / 二七二
317 三彩塔式罐 / 二七三
318 三彩方盘 / 二七四
319 缠枝菊纹碗范 / 二七五
320 攀枝婴戏纹碗范 / 二七五
321 素三彩牡丹纹枕 / 二七六
322 白底黑釉荷塘纹僧帽陶枕 / 二七七
323 黄釉陶仓 / 二七八
324 三彩太湖石 / 二七九
325 三彩鱼纹栀子花盘 / 二八〇
326 三彩栀子花小碗 / 二八一
327 三彩鱼纹碗 / 二八二
328 水波莲纹碗范 / 二八三
329 三彩花卉纹陶枕 / 二八三
330 三彩荷叶孩儿纹陶枕 / 二八四
331 三彩虎形枕 / 二八五
332 三彩兽面马鞍形枕 / 二八六
333 三彩虎纹陶枕 / 二八七
334 三彩花卉纹陶枕 / 二八八
335 涂金彩绘舍利盒 / 二八九
336 三彩刻划莲花纹碗 / 二九〇
337 荷花纹碗内范 / 二九一
338 花卉纹碗范 / 二九二

339 陶玉壶春瓶 / 二九三
340 陶军持 / 二九四
341 黑陶簋 / 二九五
342 印纹红陶罐 / 二九六
343 三彩罐 / 二九六
344 三彩花卉枕 / 二九七
345 绿釉陶棺 / 二九八
346 孔雀蓝釉瓶 / 二九九
347 “大彬”款紫砂壶 / 三〇〇
348 兽面十字云纹陶炉 / 三〇一
349 珐华鼓形陶炉 / 三〇二
350 “陈荫千制”款紫砂壶 / 三〇三

后记 / 三〇四

史前陶器

陕西作为中华文明的重要发源地，于距今8000～7000年的老官台文化（又称前仰韶）发现了本地区最早的彩陶。仰韶文化时期（7000～5000年前）彩陶达到鼎盛，半坡类型彩陶以黑彩绘人面鱼纹、几何纹等图案；庙底沟类型则流行黑彩圆点、弧线，纹饰更具抽象韵律。陶器以红陶为主，器表饰绳纹或素面，泥条盘筑法成型后慢轮修整。龙山文化（4500～4000年前）以灰陶为主，快轮拉坯技术成熟，器形种类多，出现薄胎黑陶。

彩 陶

1 宽带纹三足彩陶钵

老官台文化
1980年渭南地区（现渭南市临渭区）北刘遗址H438出土
口径30.6厘米，高15厘米
西安半坡博物馆藏

夹砂红褐陶。直口，圆腹，腹下斜收，圜底，底附尖锥状三足。足部磨光，施红彩。钵外壁饰斜向粗绳纹，绳纹垂直方向有细宽带纹，刻划纹与绳纹交错形成细密的网格状效果。外壁口沿一周抹光，饰红彩宽带纹，延伸至口沿内形成一周红彩窄带纹。口沿下施红彩宽带纹是老官台文化的特征，与仰韶文化以黑彩为主的风格有明显差异。

2 人面鱼纹彩陶盆

仰韶文化早期
1974年渭南地区临潼县（今西安市临潼区）
姜寨遗址T253W176出土
口径44厘米，高22厘米
陕西历史博物馆藏

泥质红陶。敞口，方唇，宽折沿，深腹，底内凹。折沿上施一周黑彩，并用原地露彩的方法绘成竖、斜条纹相互间隔的纹饰。盆内腹部绘一对鱼纹和一对人面鱼纹，人面圆脸大眼，头戴一顶尖帽，帽下角向上卷，口中衔鱼纹。此盆为新石器时代孩童葬具——瓮棺的顶盖。陶盆底部留有小孔，先民认为其可能是供死者灵魂出入的通道。

3 人面网纹彩陶盆

仰韶文化早期

1972年西安市半坡遗址出土

口径44.3厘米，底径13.5厘米，高17.5厘米

西安半坡博物馆藏

泥质红陶。器形较大，敞口，平沿，卷唇，圆鼓腹较深，底略平。盆内壁磨光，外壁粗涩，口沿上施一周黑彩，与留白形成短线纹和爪形纹。盆内壁绘有一对人面鱼纹和一对人面网格纹，人面与鱼纹巧妙结合，人头戴一顶尖帽，嘴部两侧各有一条鱼。人面纹和网纹分别是仰韶文化器物中较为典型的纹饰，网纹就是人们用来捕鱼的网。可以看出当时人们的生活与鱼的关系是十分紧密的，反映了半坡人生活的浐河、灞河交汇处水草丰茂、鱼类丰富，且当时的人们已经有了渔业生产。

4 五鱼纹彩陶盆

仰韶文化早期
1975年渭南地区临潼县（今西安市临潼区）姜寨遗址T276M159出土
口径27.2厘米，底径11.2厘米，高12.6厘米
西安半坡博物馆藏

泥质红陶。敞口，卷折沿，腹略鼓，凹底，底部有一周凸棱。口沿表面施一周黑彩，并用留白的手法露出四个鸡爪形装饰。盆内壁绘有五条栩栩如生的小鱼，仿佛在水中游玩追逐嬉戏，十分生动。体现了原始人高超简洁的绘画技艺。

5 网纹彩陶盆

仰韶文化早期
1954年西安市半坡遗址P4696出土
口径22厘米，底径8.5厘米，高7.5厘米
西安半坡博物馆藏

泥质红陶。敞口，平沿，浅腹，平底。唇面施简单黑彩，一周饰短线和树叶组成的纹饰带，盆腹内饰三组网格纹，器底印有席纹。网纹是半坡常用的装饰图案，是半坡人渔猎生活的一种体现。半坡遗址出土大量鱼钩、鱼网坠等捕鱼工具，当时的捕鱼有网鱼、叉鱼、钓鱼等方法。

6 彩陶盆

仰韶文化早期
1957年西安市半坡遗址出土
口径25厘米，高9厘米
西安半坡博物馆藏

泥质红陶。方唇，宽折沿平而宽，腹下斜收，平底微内凹。沿上饰规律的黑色彩绘，横列的尖叉形花纹与纵列的两道平行竖线纹相间组成一组花纹，交接处用一道或三道直线隔开，器身光素，有打磨痕迹。

7 双鱼纹彩陶盆

仰韶文化早期

宝鸡市金台区北首岭遗址出土

口径29.4厘米，高14.8厘米

宝鸡北首岭博物馆藏

泥质红陶。口稍敛，卷沿，腹径略大于口径，折腹。腹饰黑彩双鱼纹，共有六组，平行同向等分排列，作追逐状。鱼头为三角形，用小圆圈表示鱼眼，用短线表示鱼鳍和鱼尾，鱼身一半填以黑彩。仿佛在水中相互追逐，十分生动形象。

8 几何鱼纹彩陶盆

仰韶文化早期
1972年渭南地区临潼县（今西安市临潼区）
姜寨遗址ZHT28M337出土
口径24厘米，高12.8厘米
西安半坡博物馆藏

泥质红陶。侈口，尖圆唇，斜折沿，上腹较直，腹下折收微鼓，圜底。肩腹之间饰两组变体鱼纹，纹饰已经极为抽象。此件盆出土于姜寨遗址第二期，与第一期的鱼纹写实性较强，头、身、尾鳍一应俱全不同，第二期的部分鱼纹已经逐渐向图案化演变。

9 鱼纹彩陶盆

仰韶文化早期
宝鸡市千阳县丰头遗址出土
口径25厘米，高11厘米
陕西省考古研究院藏

泥质红陶。侈口，尖唇，斜折沿，上腹较直，下腹折收，圜底。口沿施黑彩。腹部绘两条简化鱼纹，鱼体形较大，头、身、尾、鳃、鳍等部位均有描绘，头大，身体瘦长，尾巴分叉似剪刀，没有绘眼睛，是具象鱼纹的简化形式。丰头遗址的鱼纹与半坡遗址鱼纹风格相近，但简化特征更为明显。

10 波折纹彩陶盆

仰韶文化早期
1977年宝鸡市金台区北首岭遗址M20出土
口径31厘米，底径11.7厘米，高24.1厘米
宝鸡北首岭博物馆藏

泥质红陶。直口，竖领，溜肩，鼓腹，下腹折收为小平底。在外口沿下和下腹部各绘一周三角形，中间绘一道黑彩波折纹，留白露出红胎形成两层波折纹，底部有席纹。黑红相间，构思巧妙。

11 波折纹彩陶钵

仰韶文化早期
1987年西安市临潼县（今临潼区）庞崖遗址出土
口径15.7厘米，底径9.8厘米，高13厘米
临潼博物馆藏

泥质红陶。敛口，微鼓腹，最大径近底部，小平底。器壁上用黑彩绘一周折线纹，绘画随意而洒脱。波折纹也是仰韶文化常见的装饰图案之一，多绘在钵和大口尖底器腹部。

12 斜线三角纹彩陶钵

仰韶文化早期
1954～1957年西安市半坡遗址M108出土
口径14.3厘米
西安半坡博物馆藏

泥质红陶。敛口，深鼓腹，圜底。器壁经打磨，口缘饰斜线和三角组成的花纹，黑彩绘大三角形，底边与沿口平齐，顶角在凹弦纹处呈钝角，在其中又留白呈小三角，其下阴线刻纹一周。三角一正一反上下分布，斜线一左一右倾斜，组成连续的图案。

13 三角纹彩陶钵

仰韶文化早期
1954～1957年西安市半坡遗址出土
口径12厘米，底径7.5厘米，高12.7厘米
西安半坡博物馆藏

泥质红陶。敛口，鼓腹，最大径近底部，小平底。通体施红色陶衣，口沿及腹部各绘一周黑彩三角形。口沿下绘一周正三角形，腹部绘一周直角三角形。三角形顶角相对，错落分布，使中间留白部分呈现出波折纹。彩绘与留白巧妙结合，黑色与红色形成反差，给人视觉上的冲击。

14 斜线纹彩陶钵

仰韶文化早期
1972年渭南地区临潼县（今西安市临潼区）姜寨遗址出土
口径15厘米，底径7.8厘米，高11.2厘米
陕西历史博物馆藏

泥质红陶。口微敛，深腹微鼓，小平底。上腹部饰六组斜线纹，其中相邻两组斜线方向相反，顶角相对，构成六个红色的三角形，一正一反与斜线纹相间，斜线纹下方绘一道黑彩弦纹。

15 刻符彩陶钵

仰韶文化早期
1972年渭南地区临潼县（今西安市临潼区）姜寨遗址出土
口径29.5厘米，高12.4厘米
西安半坡博物馆藏

泥质红陶。口微敛，浅腹，圜底。腹壁厚薄均匀，口唇外饰一周黑彩宽带纹，纹带中有一个“Z”形刻符，底部有一孔。在姜寨一期、二期遗址中，先后出土了127件、38种带刻符的完整器和陶片，有一部分刻符重复出现在不同文化层中，说明这部分刻符具有传承性。这些刻符对研究汉字的起源具有非常重要的价值，是极其珍贵的资料。

16 刻符彩陶钵

仰韶文化早期
1954～1957年西安市半坡遗址出土
口径35.7厘米，高13.8厘米
西安半坡博物馆藏

泥质红陶。口微敛，浅腹，圜底，形如半球。口沿处饰一周黑彩宽带纹，其上有一个不明含义的刻划符号。刻划符号多刻在钵类器或者个别盆上，往往刻在器物口沿下的黑色宽带内。陶器刻符在新石器时代诸多文化中都有出现，其分布范围广、延续时间长、刻画符号种类多，对探索汉字的起源具有重要意义。

17 刻符彩陶钵

仰韶文化早期
1954～1957年西安市半坡遗址出土
口径39厘米，高14.9厘米
西安半坡博物馆藏

泥质红陶。敛口，最大径在器口处，腹径从上到下递减，浅腹，圜底。口沿外饰一周黑彩宽带纹，其上有含义不明的刻划符号。半坡遗址共发现27种刻划符号，它们具有一定的规律和共性。部分考古学家认为这些刻画符号就是汉字的雏形，他们的发现具有十分重要的研究价值。

18 刻符彩陶钵

仰韶文化早期
1972年渭南地区临潼县（今西安市临潼区）姜寨遗址出土
口径34.8厘米，高12.5厘米
陕西历史博物馆藏

泥质红陶。敛口，腹略浅，圜底。表面磨光。口沿下饰一周黑彩宽带纹，其上有不明含义的刻划符号。姜寨遗址中发现的部分刻划符号在甲骨文和金文中仍然沿用。刻符大多数刻在钵、盆上，多数是烧制前刻画得比较清晰流畅，也有少数是烧成后刻画的，笔画粗细不一。

19 宽带纹彩陶钵

仰韶文化早期
1954～1957年西安市半坡遗址出土
口径20.1厘米，底径7.6厘米，高12.8厘米
西安半坡博物馆藏

泥制红陶。敛口，上腹略鼓，深腹，底内凹。素面磨光。口沿下饰一周红彩宽带纹，并延伸到口沿内。红彩宽带纹是老官台文化彩陶中较为常见的装饰手法，这也体现了老官台文化对仰韶文化的影响。

20 宽带纹彩陶钵

仰韶文化早期
1957年华县（今渭南市华州区）柳枝镇出土
口径28.7厘米，高15.5厘米
西安半坡博物馆藏

泥制红陶。敛口，深腹，平底。素面磨光。口沿下饰一周红彩宽带纹，并延伸到口沿内，钵底部印有布纹。

21 宽带纹彩陶钵

仰韶文化早期
1954～1957年西安市半坡遗址出土
口径18.8厘米，高10厘米
西安半坡博物馆藏

泥质红陶。敛口，腹略深，微外鼓。口沿处饰一周黑彩宽带纹，还钻有两个并列的用于穿绳的小孔，平底，底部有布纹。仰韶时期的陶钵口沿处上常见有两个甚至四个钻孔，钻孔一般为单面钻，两孔之间常有裂缝，可能有绳子绑系以便于加固使用。

22 宽带纹彩陶钵

仰韶文化早期
1954～1957年西安市半坡遗址出土
口径24.6厘米，底径10.1厘米，高10.5厘米
西安半坡博物馆藏

泥质红陶。微敛口，浅腹，形如半球，器壁厚薄均匀。口唇边饰一周黑彩宽带纹，底部印有席纹。此为仰韶文化常见的器形。

23 宽带纹彩陶钵

仰韶文化早期
1972年渭南地区临潼县
（今西安市临潼区）姜寨
遗址出土
口径10.1厘米，高5厘米
西安半坡博物馆藏

泥质红陶。直口，腹较深，圜底。口唇外饰一周黑色宽带纹。宽带纹陶钵数量较多，在老官台文化中多见红彩宽带纹陶钵，半坡时期流行黑彩宽带纹，宽带纹约占彩陶纹饰的一半。

24 几何鱼纹彩陶葫芦瓶

仰韶文化早期

1972年渭南地区临潼县（今西安市临潼区）姜寨遗址M168出土

口径4.5厘米，底径16.5厘米，高32厘米

西安半坡博物馆藏

泥质红陶。器呈葫芦形，杯形口，敛口，束颈，口颈分界不明显，鼓腹，腹最大径靠近底部，平底。口部施黑彩，腹部绘两组黑彩几何变体鱼纹，仅绘出鱼眼、鱼尾，又重新构成鱼的意象。此类陶器是姜寨第二期文化遗物中的主要器形之一，数量可观。陶质细腻且造型美观。用葫芦瓶取代尖底瓶随葬，是史家类型与半坡类型的重要区别。

25 几何鱼纹彩陶葫芦瓶

仰韶文化早期
1954～1957年西安市半坡遗址出土
口径3.3厘米，底径8.5厘米，高25.8厘米
西安半坡博物馆藏

泥质红陶。器呈葫芦形，杯形口，腹最大径靠近底部，平底。口部施黑彩，腹部绘黑彩几何鱼纹。这种葫芦瓶是仰韶文化史家类型的典型器物，是区分史家类型和半坡类型的重要标志。鱼纹是仰韶文化陶器中常见的图案，出土这件陶瓶的姜寨遗址附近有河流，鱼与当时人们的生活息息相关。

26 变体鱼纹彩陶葫芦瓶

仰韶文化早期

1954～1957年西安市半坡遗址出土

口径3.5厘米，底径9.4厘米，高29.1厘米

西安半坡博物馆藏

泥质红陶。器呈葫芦形，口部较小，杯形口，腹最大径靠近底部，平底。口部施黑彩，腹部绘有黑彩鱼纹，鱼头较大，鱼眼圆睁，鱼身呈弧线三角形。半坡早期鱼纹较为写实，头、尾、身、鳍样样俱全，形象生动，到半坡类型晚期，鱼纹逐渐图案化、抽象化，有的简化成三角、直线、弧线构成的几何化鱼纹。这件葫芦瓶上的变形鱼纹正是半坡类型晚期的特征。

27 鸟鱼纹彩陶葫芦瓶

仰韶文化早期

1972年渭南地区临潼县（今西安市临潼区）姜寨遗址T14H467出土

口径3.5厘米，底径6.5厘米，高29厘米

西安半坡博物馆藏

泥质红陶。器呈葫芦形，短直口，小口微鼓，束颈，鼓腹，最大径在腹中部，附有双耳，耳上有穿。口部绘黑彩，上腹部绘三角形，腹中部一面绘两组鸟纹，侧面各绘有一组鱼纹和几何图案，皆为黑彩。鸟纹和鱼纹共同出现在一件陶器上，很可能体现了以鱼为象征符号的文化和以鸟为象征符号的文化相互冲突融合的一个过程。

28 兽面鱼纹彩陶葫芦瓶

仰韶文化早期
1982年渭南地区临潼县
（今西安市临潼区）马陵
遗址出土
底径8.5厘米，高27.8厘米
临潼博物馆藏

泥质红陶。器呈葫芦形，杯形口残，最大腹径在近底处，平底。瓶身部位彩绘，上半部涂染为黑色，瓶身饰黑彩兽面和鱼纹。兽面戴一顶尖角帽，双目圆睁，嘴巴大张，露出四颗门牙，嘴角两边各有一颗獠牙，兽面两侧有两个尖角似耳朵。瓶的另一面有两条鱼纹平行对称，鱼头朝下，大头小尾，鱼身半涂黑彩。仰韶文化彩陶上极少绘神兽纹，此件神兽纹也比较简化，更少了高庙、良渚神兽纹的威严和狞厉。

29 人面鱼纹彩陶葫芦瓶

仰韶文化早期
1975年渭南地区临潼县（今西安市临潼区）姜寨遗址M76出土
口径3.5厘米，底径6厘米，高21.5厘米
陕西历史博物馆藏

泥质红陶。器呈葫芦形，杯形口，最大腹径在近底处，器体瘦长，腹中部有双耳。腹部绘有四组人面图案，每组的圆形人面均由眼、眉、鼻、嘴构成，其人面的两只眼睛别有特点：一只眼睛为双鱼形，另一只眼睛为鸟首。图案比半坡类型的人面更加抽象和写意。

30 几何人面纹彩陶葫芦瓶

仰韶文化早期
1960年铜川市吕家崖遗址出土
口径4厘米，底径11.5厘米，高35.6厘米
耀州窑博物馆藏

泥质红陶。器呈葫芦形，小口，厚唇，葫芦口较长，器腹圆鼓。纹饰分为上、中、下三部分。口下施一周黑彩，杯口下部均匀分布四个黑彩圆点。瓶身绘四组几何图案构成的人面纹，人面额头上装饰有树叶纹，双眼似弯弯的月牙，嘴角上扬。纹饰清晰，表情生动，尤其是嘴唇图案向上弯曲的巧妙弧度，给整个人脸蒙上神秘的色彩。

31 鱼纹彩陶葫芦瓶

仰韶文化早期

1979年西安市临潼县（今临潼区）姜寨遗址T25出土

口径3.4厘米，底径8.8厘米，高25.4厘米

陕西历史博物馆藏

泥质红陶。器呈葫芦形，杯形口，鼓腹，最大腹径在近底处，平底，口部施黑彩，腹部饰黑彩抽象双鱼纹。在仰韶文化各遗址中，除了经典的尖底瓶外，最多的就是彩陶鱼纹葫芦瓶了。

32 几何鱼纹彩陶细颈壶

仰韶文化早期

西安市长安区大原村采集

口径1.7厘米，底径4.6厘米，高13厘米

西安半坡博物馆藏

泥质红陶。小口，平沿，细颈，溜肩，折腹，下腹内曲，平底。颈部到腹部绘有六条倒置的大头鱼，眼睛突出，鱼身较小，此器图案布局极其独特。俯视是一朵盛开的六瓣花，正视两鱼眼又构成一双目圆睁的兽面。小口细颈的器形说明它可能是用来盛放水的容器。

33 变体鱼纹彩陶细颈壶

仰韶文化早期

1977年渭南地区临潼县（今西安市临潼区）姜寨遗址出土

口径1.2厘米，底径3.5厘米，高9厘米

陕西历史博物馆藏

泥质红陶。小口，大平沿外斜，束颈，溜肩，垂腹，下腹内曲，小平底。口沿绘八道粗辐射纹，颈上部施黑彩，肩部至中腹部绘制由三角、椭圆、圆点等组成的变形鱼纹图案。几何鱼纹装饰说明鱼与人们日常生活联系紧密，体现出人们对于鱼形象极其熟悉。

34 兽面纹彩陶细颈壶

仰韶文化早期

20世纪70年代渭南地区临潼县（今西安市临潼区）姜寨遗址ZHT28M31出土

口径2厘米，腹径15厘米，底径8厘米，高28厘米

陕西历史博物馆藏

泥质红陶。小口，平沿外斜，细颈，深腹，中腹微鼓，平底。唇面绘有三角、直线组成的图案，腹部由圆、椭圆、月牙、波浪、三角、直线等组成的彩绘图案，形似上下两个猪脸，图案抽象而复杂。变体猪脸纹以连续图案出现，突出了猪五官中的鼻子，给人以亲切可爱之感。此纹饰的器物在姜寨遗址中仅出土一件。

35 波折纹彩陶细颈壶

仰韶文化早期
1955年西安市半坡遗址出土
口径1.1厘米，底径3.7厘米，高13.7厘米
西安半坡博物馆藏

泥质红陶。小口内敛，斜沿，细颈，颈部有一显著的棱脊，腹呈圆鼓形，下腹向内折收，小平底。腹肩部分绘两道黑彩波折纹，与红陶的底纹形成红黑相间的波折纹和三角纹。地纹与彩绘相互衬托，是彩陶装饰的一种重要表现方式，是两种相互依存的花纹。造型优美，制工精巧，为半坡陶器中之最精美者。

36 波折纹彩陶细颈壶

仰韶文化早期

1958年宝鸡市北首岭遗址出土

口径3.9厘米，底径6.4厘米，高33.7厘米

西安半坡博物馆藏

泥质红陶。小口，斜沿略宽，细长颈，折肩，椭圆腹较深，最大径在中腹部，小平底。腹部饰黑彩三角纹和波折纹，腹部绘两道黑彩波折纹，用留白的技法露出红色陶胎。黑、红彩波折纹相间隔，波折纹上下又各有一周黑色的三角纹，利用色彩差异给人视觉上以丰富的颜色和纹饰的变化，极具律动感。

37 波折纹彩陶小口瓶

仰韶文化早期

1981年征集

口径5.2厘米，底径11厘米，高18.9厘米

旬邑县博物馆藏

泥质红陶。敛口较小，器身从口部斜直向下逐渐增大，最大腹径在近底处，大平底。通体绘细波折纹，与红色的地纹构成黑、红彩相间的波折纹。器形规整，器表细腻光滑。

38 波折纹彩陶尖底瓶

仰韶文化早期

1972年渭南地区临潼县（今西安市临潼区）姜寨遗址ZHT11M257出土

口径23厘米，底径2.2厘米，高68.5厘米

西安半坡博物馆藏

泥质红陶。口微侈，圆唇，颈以下渐次增大，腹壁微鼓，最大径在下腹部，收成钝尖底。口沿下绘一周黑彩倒三角形，下腹部绘一周正三角，两层三角形之间用黑彩绘三层波折纹，留白四层波折纹，给人以强烈的视觉冲击感。此为新石器时代较典型的储藏器。

39 几何纹彩陶尖底罐

仰韶文化早期

1972年渭南地区临潼县（今西安市临潼区）姜寨遗址出土

口径11厘米，高18厘米

陕西历史博物馆藏

泥质红陶。侈口，深腹，腹下部倾垂，腹径最宽处在腹下部，内收为尖底。口沿及下腹最底层各绘一周黑彩三角形，三角形之间绘三道黑彩波折纹，与红色地纹形成三道红色波折纹，彩绘与留白的巧妙运用，体现了精巧的构思和高超的技艺。尖底罐在姜寨遗址共出土19件，大、中、小型都有，与尖底瓶流行的范围相同。在半坡类型的文化遗存中比较普遍，大都是随葬品，大型的有用作瓮棺葬葬具的。

40 双鱼纹彩陶尖底罐

仰韶文化早期
1972年渭南地区临潼县（今西安市临潼区）姜寨遗址出土
口径8.8厘米，腹径13.6厘米，高17.6厘米
陕西历史博物馆藏

泥质红陶。大口微侈，深垂腹，下腹束收成小尖底。罐身绘两条黑彩变形鱼纹，鱼头较大，鱼眼一个是正圆，另一个是半圆，鱼身短小，简洁卷曲绘于圆弧的罐面上，线条流畅蜿蜒。

41 人面鱼纹彩陶尖底罐

仰韶文化早期

1979年西安市临潼县（今临潼区）姜寨遗址T37H493出土

长14.8厘米，宽12厘米

西安半坡博物馆藏

泥质红陶。为尖底罐残片，复原成器。直口，腹微鼓。口唇下刻划数道弦纹，弦纹下有尖喙状附加堆纹，腹部饰人面鱼纹。人面圆脸，三角形发髻，头戴尖角帽，两条细线表示双眼，以黑彩绘制三角形为鼻子，做“上”字形，额头部分涂黑，额头露胎呈三角形，双腮亦涂黑，口部露胎色做“∑”形；双耳侧各绘出一条细弧线，弧线尾部各连接一条鱼，人面口部两侧以单线条绘两个头部相对的抽象化鱼纹。人面鱼纹是半坡类型最具代表性的彩陶纹饰，反映出半坡先民与水、鱼的密切关系。

42 堆塑纹彩陶尖底罐

仰韶文化早期
1975年渭南地区临潼县（今西安市临潼区）
姜寨遗址T283W277出土
口径42厘米，腹径55厘米
西安半坡博物馆藏

泥质红陶。大型彩绘器，上部完整，下部残。直口，腹壁较直，中腹微鼓。口沿下饰两道弦纹，弦纹下外壁有一周附加凸饰，器腹两侧各有一个半环耳，凸饰下至中腹施黑彩，由弧线、勾叶、圆点、椭圆、竖线、横线等组成连续且繁缛的花瓣纹，以四个花瓣为一个单元，在器身排列两排，中间以圆点间隔，花瓣为地纹留白，红底黑彩，十分绚丽。器表绘制花瓣纹，在仰韶文化半坡类型中少见，是庙底沟极具特色的特征。

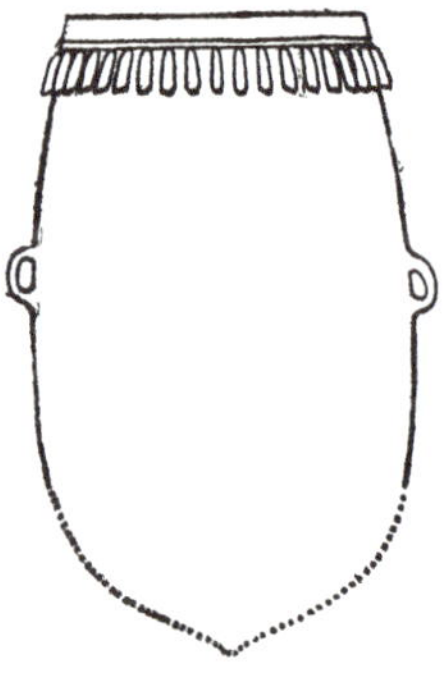

43 “ㄇ”纹彩陶小平底罐

仰韶文化早期
宝鸡市金台区北首岭遗址出土
口径7.7厘米，底径3.7厘米，高9厘米
宝鸡北首岭博物馆藏

泥质红陶。敛口，折腹，腹下部内曲，小平底。素面磨光。腹部用黑彩绘出四个等距离的“ㄇ”形图案。北首岭遗址早期为老官台文化，中期为仰韶文化半坡类型，晚期为西王村类型，此件绘符彩陶罐属于仰韶文化半坡类型。

44 几何纹彩陶罐

仰韶文化早期
1982年咸阳地区户县（今西安市鄠邑区）镇守村采集
口径4.2厘米，底径6.8厘米，高7厘米
西安市鄠邑区文物管理所藏

泥制红陶。表面磨光，直口，小高领，溜肩，最大腹径在器底，大平底。领部一周有12个小孔，器身表面施黑彩，以留白的手法显露出红色的波折纹。器形独特，用途不明。

45 彩陶摇响器

仰韶文化早期
铜川市李家沟遗址出土
大孔径2厘米，小孔径1.7厘米，高7.4厘米
西安半坡博物馆藏

泥质红陶。形状类似于算盘珠，中空，两面有小孔相对，器表光洁，一面饰波折纹，另一面饰网纹。轻轻摇动有响声，此器物可能为新石器时代的乐器。摇响器是新石器时代遗址中常见的一种陶制发音器，大多呈球形，其基本特征是中空，内装陶丸或石子，摇动时沙沙作响，该器的出土说明仰韶文化先民对音乐的追求和热爱。

46 勾叶圆点纹彩陶盆

仰韶文化中期
1997年西安市高陵县（今高陵区）杨官寨遗址出土
口径39.8厘米，高14.6厘米
陕西省考古研究院藏

泥质红陶。敞口，斜折沿，尖圆唇，上腹外鼓，下腹斜曲内收，小平底微凹。唇部及沿面外侧绘一周黑彩窄带纹，上腹绘一周圆点、弧线三角及弧线组成的二方连续的抽象花卉纹，花卉纹下绘一周黑彩窄带纹。庙底沟类型彩陶上由弧边三角、圆点、勾叶组成的“花卉纹”图形，或简或繁、曲回勾连，是中国彩陶中最具特点的图案之一，也是最富魅力的图案之一。

47 花卉几何纹彩陶盆

仰韶文化中期
1997年西安市高陵县（今高陵区）杨官寨遗址出土
口径34厘米，高13.8厘米
陕西省考古研究院藏

泥质红陶。敞口，圆唇，斜折沿，上腹外鼓，下腹斜曲内收，平底微凹。唇部施一周黑彩。上腹部绘黑彩圆点、弧线三角及弧线组成的二方连续图案。敛口曲腹盆是庙底沟类型的典型器物，圆点、勾叶、弧线三角组成的花卉纹是普遍装饰在盆、钵等器物上的图案纹样。

48 蜥蜴纹彩陶盆

仰韶文化中期
2008年西安市高陵县（今高陵区）杨官寨遗址出土
口径31.1厘米，底径9.5厘米，高13.2厘米
陕西省考古研究院藏

泥质红陶。敞口，圆唇，斜折沿较宽，上腹较直，下腹内收，平底。唇部和下腹施黑彩，上腹绘黑彩图案，形似蜥蜴或是某种爬行动物的俯视图，也有学者认为这种图案就是“龙”的形象在史前时期的雏形，此图案较为罕见。

49 花卉纹彩陶盆

仰韶文化中期
2004年延安市洛川县秦家河村出土
口径24厘米，底径12厘米，高24厘米
洛川县博物馆藏

泥质红陶。敛口，肩广圆，最大径在肩部，折腹，腹下内曲，小平底。器上腰部施一层白衣，绘黑色圆点勾叶与弧线三角纹构成的花卉纹，表现出明显的仰韶文化庙底沟类型器物的特点。这种装饰图样在大河村和大汶口文化中也相当流行，影响还波及范围更为广大的其他新石器文化，成为许多晚期新石器文化共有的图案结构模式。

50 变形鱼纹彩陶盆

仰韶文化中期
1985年延安地区（今延安市）
黄龙县范家卓子乡石曲遗址出土
底径12厘米，高18厘米
黄龙县博物馆藏

泥质红陶。口沿与腹部残破。敛口，宽斜沿，上腹微鼓，下腹内曲收成小平底。唇沿饰黑彩条带及连弧纹图案，上腹部饰黑彩圆点勾叶、弧线三角组成的变形简化鱼纹。庙底沟类型影响范围很大，东到大海，西至甘青，北抵阴山，南及长江广大地区。

51 花卉纹彩陶盆

仰韶文化中期
2009年华阴市兴乐坊遗址H28出土
口径29.2厘米，底径12.3厘米，高18.7厘米
陕西省考古研究院藏

泥质红陶。敛口，圆唇，斜折沿，上腹外鼓，最大腹径与口径相等，下腹曲收，腹较深，平底微凹。唇部及沿面外缘施一周黑彩，上腹部饰一周连续的黑彩圆点、弧边三角组成的二方连续花瓣，黑色的圆点似花蕊，黑彩映衬着红色的花瓣，格外艳丽。

52 花卉纹彩陶罐

仰韶文化中期

1987年延安地区（今延安市）黄龙县西山遗址出土

口径17厘米，底径9厘米，高21厘米

黄龙县文物管理所藏

泥质红陶。直口，圆唇，短领，鼓肩，最大径在肩部，下腹斜收成曲腹，小平底。唇部一周涂黑，下腹饰一周黑彩弦纹，器身上部绘黑彩弧边三角、弧线及直线组成的四组纹饰，与红色留白分别形成六瓣花朵和八瓣花朵。每组纹饰之间以两个上下对顶的弧边三角形相隔。

53 花卉纹高圈足彩陶盘

仰韶文化中期

1957年华阴县（今华阴市）西关堡遗址征集

口径23厘米，底径16厘米，高16厘米

陕西历史博物馆藏

泥质红陶。直口，腹壁斜直，腹底部内折并出棱，喇叭形高圈足底部起台，圈足中部有三个等距离的圆孔。腹外壁施白色陶衣，用黑彩绘出三层纹饰，上层为连续的绳索纹，中部为间隔的二方连续花瓣纹，下层出棱上饰斜线纹。制作精美，保存完好，是难得的一件白陶衣彩陶器，在陶衣上绘画是庙底沟类型的特点。

54 漩涡纹彩陶尖底瓶

仰韶文化晚期

宝鸡市福临堡遗址出土

口径10.5厘米，肩径27.5厘米，高61.5厘米

宝鸡市考古研究所藏

泥质红陶。喇叭口，平折沿，细高颈，肩部浑圆，最大径在肩部，腹较长，尖底呈钝角。器壁上拍印稀疏的斜向细绳纹，颈部绘七条白彩纵向斜线，颈下绘一周弦纹，肩部绘四组相互勾连的白彩漩涡纹，腹饰三周白彩弦纹。此器的彩绘用白彩直接绘出，已不再使用地纹留白的手法。

55 网格纹彩陶尖底瓶

仰韶文化晚期

1988年延安地区（今延安市）志丹县老庄沟村遗址出土

口径9.4厘米，高46厘米

西安半坡博物馆藏

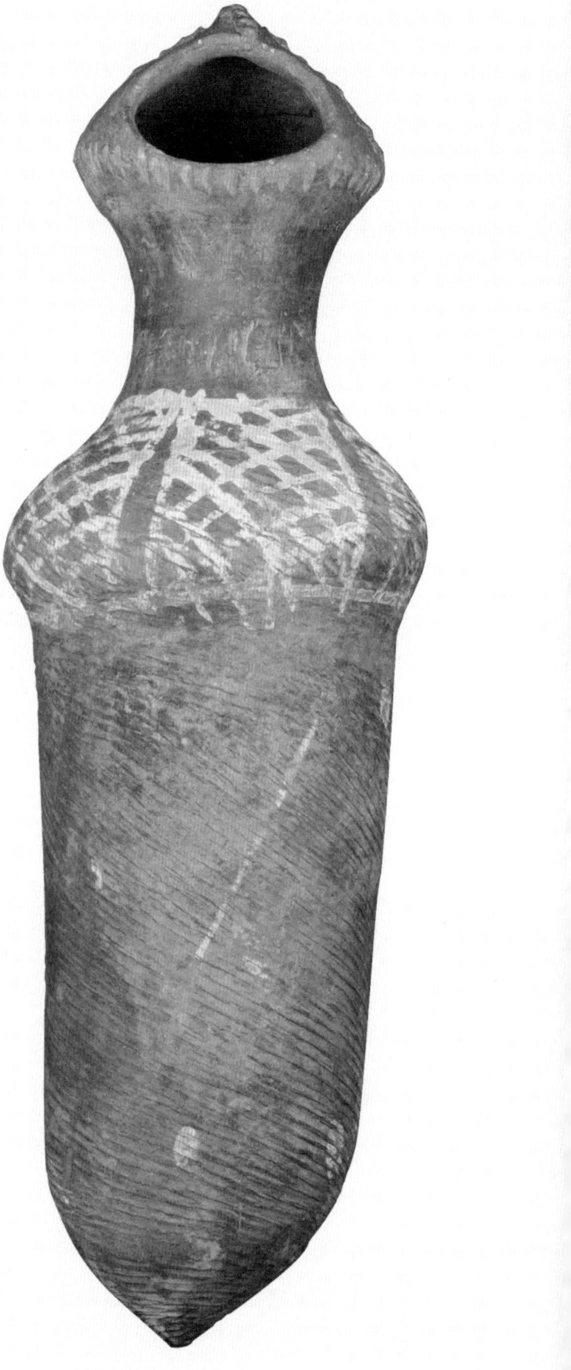

泥质红陶。顶部呈花苞状，开一大口，束颈，鼓肩，深直腹。顶部贴附两条相互垂直相交、饰有戳印纹的泥条。口下一周有戳印纹，肩部饰四组白彩网格纹。仰韶文化晚期史家类型的彩陶数量减少，纹饰亦变得简单。

56 三角纹彩陶罐

仰韶文化晚期

2010年榆林市横山县（今横山区）杨界沙遗址出土

口沿外径21.4厘米，口沿内径14厘米，高38.6厘米

榆林市考古勘探工作队藏

泥质红陶。侈口，宽平沿，圆唇，长颈，圆肩，圆鼓腹，下腹斜收，底残。肩部与中腹部各绘四条黑彩弦纹，其间绘两层三角形网格纹，以弦纹间隔。两排三角相互错落，与红陶底色又形成三角，构思精巧。

一般陶器

57 红陶宽沿盆

仰韶文化早期
1957年西安市半坡遗址出土
口径20.8厘米，高12.5厘米
西安半坡博物馆藏

泥质红陶。素面。敞口，宽沿，圆唇，器腹较深，底内凹呈圈足状。内外器表均较光滑，与现代的盆相似，是当时大量使用的器皿。半坡遗址晚期出土数量较多，多为细泥陶质，以红色和橙黄色为主，也有少量灰陶。

58 席纹红陶碗

仰韶文化早期
1957年西安市半坡遗址出土
口径13厘米，底径5.2厘米，高4厘米
西安半坡博物馆藏

泥质红陶。敞口，宽沿外斜，腹较浅，平底。器表打磨痕迹明显，没有磨光，与现代的碗相似。底部印席纹，说明当时人们已经掌握了编织的方法，并已经开始广泛应用了。

59 对口红陶钵

仰韶文化早期
1972年渭南地区临潼县（今西安市临潼区）姜寨遗址出土
通高11.4厘米
西安半坡博物馆藏

泥质红陶。直口，浅腹，圜底。两件小钵相扣，在器物内部发现装有炭化的糜子，可以证明当时使用此种器物来装盛种子或食物。此为新石器时代较典型的饮食器具。仰韶文化的农作物主要品种是粟，半坡遗址几座房子的陶器内都发现有碳化粟。另外，灰坑115中也发现有大量的碳化粟，反映了原始农业在仰韶时期已初具规模。

60 席纹红陶钵

仰韶文化早期
1957年西安市半坡遗址出土
口径20.5厘米，高11厘米
西安半坡博物馆藏

泥质红陶。敛口，尖唇，深腹，凹底。细泥质。器表有修胎痕迹，打磨并不光滑。此类碗是半坡遗址的中型碗，全用细泥制作，外表一般都修磨，多数素面。

61 红陶双耳尖底瓶

仰韶文化早期
1954～1957年西安市半坡遗址出土
口径5厘米，高32.3厘米
西安半坡博物馆藏

泥质红陶。杯形口较小，颈略长，溜肩，腹部圆鼓，最大腹径在腹中部，尖底，腹两侧有双环耳，可以穿绳悬挂。腹部饰绳纹，颈部、肩部、底部磨光。过去学界多认为尖底瓶是新石器时代的取水器，最新成果表明尖底瓶或与早期的酿酒行为有关联，很可能是一种酿酒的器具。小口尖底瓶是仰韶文化最具代表性的器物之一。

62 红陶双耳尖底瓶

仰韶文化早期
1954～1957年西安市半坡遗址出土
口径7.1厘米，高44.2厘米
西安半坡博物馆藏

泥质红陶。杯形口，短径，溜肩，鼓腹，尖底，腹两侧有环形双耳。上腹部饰斜绳纹，颈部、肩部及下腹部光素。

63 红陶双耳尖底瓶

仰韶文化早期

1957年西安市半坡遗址出土

口径6.9厘米，高46厘米

西安半坡博物馆藏

泥质红陶。杯形口，短颈，肩部较明显，鼓腹，尖底，腹部有双环耳。口、颈及尖底磨光，肩、腹部饰左旋细绳纹。一般来说，遗址出土的尖底瓶体形较大，制作精细，墓葬出土的则体形较小，胎质松软。

64 红陶双耳尖底瓶

仰韶文化早期

1972年渭南地区临潼县（今西安市临潼区）姜寨遗址出土

口径5.8厘米，高46厘米

西安半坡博物馆藏

泥质红陶。杯形口，鼓腹，尖底，腹部有双耳。肩、腹部饰左旋绳纹，颈部及尖底磨光。著名考古学家苏秉琦先生将其命名为酉瓶，认为它是用于盛放祭祀礼仪用酒的特制陶器。此外，在古埃及的底比斯墓室的壁画中，也发现有类似尖底瓶的器物处于酿酒的场所中，为其作为盛酒器提供了佐证。

65 红陶尖底瓶

仰韶文化早期

1972年渭南地区临潼县（今西安市临潼区）姜寨遗址出土

口径5.5厘米，高40厘米

陕西历史博物馆藏

夹砂红陶。葫芦形口，细颈，溜肩，器身细长，腹微鼓，尖底。瓶腹部两侧有双耳。肩部至上腹部饰平行绳纹，口部、下腹及底部素面光滑。仰韶文化半坡类型的尖底瓶为直口，鼓腹，器身较粗；史家类型的尖底瓶多为葫芦口，器身修长。这件尖底瓶从器形特征看，应该属于史家类型。

66 红陶双耳葫芦瓶

仰韶文化早期

1954～1957年西安市半坡遗址出土

口径3.6厘米，底径8.6厘米，高25.5厘米

西安半坡博物馆藏

泥质红陶。葫芦形口，颈部内收，深腹，最大腹径在下部，平底，上腹部有双耳。通体素面，器表有修胎、打磨的痕迹。

67 灰陶葫芦瓶

仰韶文化早期
1957年西安市半坡遗址出土
口径2厘米，底径8.5厘米，高25厘米
西安半坡博物馆藏

泥质灰陶。小口，细颈，腰部内收，整体是线条流畅优美的葫芦形，素面。葫芦形器物是半坡类型常见的器形，葫芦瓶是第二期文化层的主要器形之一，数量非常大，以泥质红陶为主，另有个别是泥质灰黑陶。灰陶的出现证明了陶器烧制技术的进步，人们已经能够提高烧制温度，使烧出来的器皿更加坚固。

68 红陶细颈壶

仰韶文化早期

1988年发掘出土

口径2.3厘米，底径5.5厘米，高34.5厘米

西安市鄠邑区文物管理所藏

泥质红陶。花苞口，宽沿斜平，折肩较窄，腹斜直较深，近底处折收内曲，小平底。通体磨光，陶质细腻，器形少见，是细颈壶与尖底瓶的结合。

69 黑陶细颈壶

仰韶文化早期

1972年渭南地区临潼县（今西安市临潼区）姜寨遗址ZHT28M339出土

口径2.5厘米，底径2.5厘米，高12厘米

西安半坡博物馆藏

泥质黑陶。口径几乎与腹径相等，小口内敛，唇近平。颈细而长，下腹部较大，下腹呈反弧状，圆折腹，小平底，素面，光亮。此类器除中型器有实用价值外，大多小型器仅作随葬品，并无实用价值。

70 灰陶细颈壶

仰韶文化早期
1954～1957年西安市半坡遗址出土
口径3.9厘米，底径3.8厘米，高9.5厘米
西安半坡博物馆藏

泥质灰陶。折沿，细颈，折腹，平底，素面。大型壶可能是用来盛放水或其他液体的容器，小型壶无实用价值，仅为随葬品。

71 剔刺纹红陶细颈壶

仰韶文化早期
20世纪50年代宝鸡市北首岭遗址出土
腹径15厘米，高19.5厘米
宝鸡北首岭博物馆藏

泥质红陶。杯形口残，杯壁较直，重唇，短颈，垂鼓腹，腹最大径在器身下部，平底。腹部饰剔刺纹，又有学者命名指甲纹，指甲纹浅，没有剔去底，故命名为剔刺纹更加合适，是仰韶文化半坡类型常用的装饰手法。

72 指甲纹红陶细颈壶

仰韶文化早期
1957年西安市半坡遗址出土
腹径13.3厘米，高15.8厘米
西安半坡博物馆藏

泥质红陶。杯形口，短颈，圆鼓腹，平底。腹部饰指甲纹。此为新石器时代的取水器具。这种细颈瓶流行于半坡文化，早期瘦高，后期变矮，器口如尖底瓶的杯形口，腹部圆鼓如盂，是两种器物的结合体，反映半坡类型陶器存在着造型风格上的相互影响和借鉴现象。

73 红陶人头壶

仰韶文化早期

1953年商洛专区（今商洛市）洛南县石门中学采集

底径6.3厘米，高23厘米

西安半坡博物馆藏

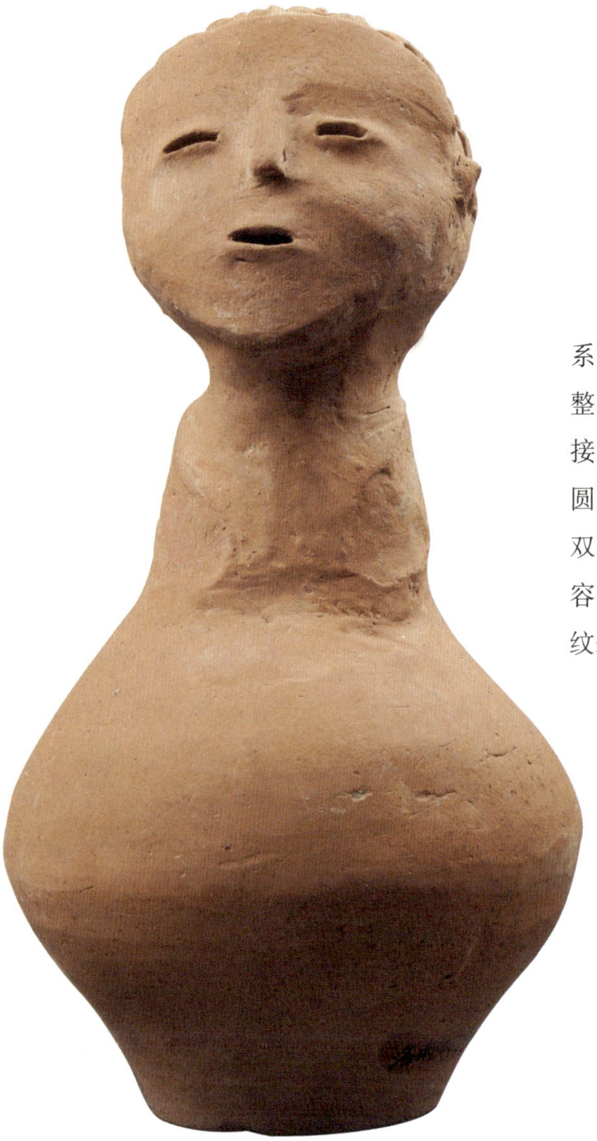

泥质红陶。口部呈人头形，系手工捏塑而成，壶身经慢轮修整，器形规整，两部分在颈部黏接，人头与壶浑然一体。细颈，圆鼓腹，平底。人头微微仰起，双目上视，鼻梁挺拔，面带笑容，神态安详。发型以扁平锥刺纹表示，颈后部有一管状流口。

74 红陶船形壶

仰韶文化早期
1980年商洛地区（今商洛市商州区）杨峪河镇出土
口径5.4厘米，长19厘米，高7厘米
陕西历史博物馆藏

泥质红陶。壶作船形，两头尖，中间粗，壶口在船身正中，杯形口两侧附半环形立耳，通体光素。从目前的考古资料看，在距今8000年的浙江井头山遗址已发现木船桨，宝鸡北首岭遗址也出土过一件船形壶，说明先民们可以制造船只并利用河海上下往来了。

75 堆塑纹红陶尖底罐

仰韶文化早期
1972年渭南地区临潼县（今西安市临潼区）姜寨遗址ZHT5M76出土
口径6.5厘米，高17厘米
西安半坡博物馆藏

泥质红陶。直口，鼓腹，最大径在器身下腹部，且有一小孔，下腹斜直内收，尖底。口下刻划七道弦纹，弦纹下有一周附加堆纹凸饰。姜寨遗址共出土大、中、小型尖底罐17件，均出土于第二期文化层。大型尖底罐主要出现在多人二次葬中，可能是作为瓮棺葬具使用；小型尖底罐是随葬陶器，而非实用器。

76 堆塑纹红陶尖底罐

仰韶文化早期
1972年渭南地区临潼县（今西安市临潼区）姜寨遗址ZHT5M76出土
口径12厘米，高21.6厘米
西安半坡博物馆藏

泥质红陶。直口，鼓腹较深，最大径在下腹部，尖底，器体短而粗。口沿下刻划数道弦纹，颈部贴塑一圈齿轮状的附加堆纹，腹下有一透穿的小孔。

77 堆塑纹红陶尖底罐

仰韶文化早期

1972年渭南地区临潼县（今西安市临潼区）姜寨遗址出土

口径42厘米，高84厘米

西安半坡博物馆藏

泥质红陶。直口，鼓腹较深，最大腹径在下腹部，尖底。口下刻划四道凹弦纹，颈部贴塑一圈齿轮状的附加堆纹，腹中部有一对半环耳。此件器物型体高大，应是瓮棺葬的葬具。

78 弦纹红陶罐

仰韶文化早期

1958年宝鸡市北首岭遗址出土

口径13.9厘米，底径5.5厘米，高18.9厘米

西安半坡博物馆藏

夹砂红陶。大口微外侈，方唇，深腹，腹壁较直，腹以下内收，小平底。中腹以上刻划有密集弦纹，口唇一周饰有两道弦纹和一道锯齿纹。北首岭遗址早期是老官台文化，中期是仰韶文化半坡类型，晚期是西王村类型。此陶罐属于仰韶文化半坡类型。

79 红陶折腹罐

仰韶文化早期
1972年渭南地区临潼县（今西安市临潼区）姜寨遗址ZHT11M257出土
口径7厘米，腹径11厘米，底径6厘米，高8厘米
西安半坡博物馆藏

泥质红陶。直口，短颈，折腹，腹最大径接近底部，折棱清晰，下腹内收。素面。此为新石器时代的容器，与细颈壶一样，报告中将此类器物皆划为壶类，多出自墓葬，器小并无实用价值。

80 馒头形红褐陶罐

仰韶文化早期
1957年西安市半坡遗址出土
底径8.1厘米，高6.3厘米
西安半坡博物馆藏

夹砂红褐陶。外形似一个馒头，顶部开口似枣核形，厚壁，平底。考古学家们在里面发现了已经炭化的白菜、芥菜之类的菜籽，说明人们在很早以前就已经开始种植和食用蔬菜了。

81 红陶带盖罐

仰韶文化早期
1972年渭南地区临潼县（今西安市临潼区）姜寨遗址ZHT42出土
口径1.9厘米，底径2.9厘米，高6.1厘米
西安半坡博物馆藏

夹砂红陶。器盖较平，有椎形纽，器敛口，圆腹，平底。通体作球形，捏塑而成，表面没有做修整，较为粗糙。

82 红陶带盖罐

仰韶文化早期
1972年渭南地区临潼县（今西安市临潼区）姜寨遗址出土
口径5.8厘米，底径7.5厘米，高8.5厘米
西安半坡博物馆藏

夹砂红陶。直口，圆唇，鼓腹，平底。底部外缘周边有压印的锯齿状花边。盖作覆钵形，脊形盖纽。姜寨二期遗址共出土了80件这种小罐，多为夹砂陶，泥质陶比较少，且多为中小型罐。这种带盖的罐多为储物器，储存菜籽和其他农作物的种子。

83 红陶带盖罐

仰韶文化早期
1954～1957年西安市半坡遗址出土
口径6厘米，底径9.4厘米，高7厘米
西安半坡博物馆藏

夹砂红陶。敛口，鼓腹，器身矮扁，平底，底径大于口径，上有配套使用的器盖。盖作覆钵形，平底较大，可单独使用，一般捏塑成形，通体素面。考古学家在这种带盖陶罐的内部发现了粟粒，证实了它是用来储存粮食的，可以看出当时农业已经占据了重要地位。

84 红陶带盖四纽罐

仰韶文化早期
1954～1957年西安市半坡遗址出土
口径3.2厘米，底径4.3厘米，通高7.5厘米
西安半坡博物馆藏

泥质红陶。盖背隆起，器盖上有捏塑的纽。盖纽高高突起，器直口微敛，溜肩，折腹，平底，肩部有四个乳突，下面是一圈捏塑的齿轮状装饰。带盖陶罐多做储物器，在半坡遗址中发现的小罐中装有粟和菜籽等农作物种子。

85 红陶带盖四纽罐

仰韶文化早期
1972年渭南地区临潼县（今西安市临潼区）姜寨遗址出土
口径4厘米，底径5.5厘米，通高9.5厘米
西安半坡博物馆藏

泥质红陶。盖隆起，有椎形纽，器敛口，溜肩，鼓腹，下腹斜直内收，平底。腹部饰七道弦纹，弦纹上有四个鸟喙状凸饰。鼓腹的设计最大化地增加了内部容积。

86 红陶带盖四纽罐

仰韶文化早期
1972年临潼县（今西安市临潼区）姜寨遗址出土
口径6.5厘米，底径6.3厘米，通高11.4厘米
西安半坡博物馆藏

夹砂红陶。敛口，溜肩，鼓腹，最大径在下腹部，平底。口沿下有四个乳突状装饰，器盖高高隆起，有半球状捉手，器身装饰数道弦纹。此类器一般捏塑成形，其中外壁部分经过修整，有的器腹内壁还保存着捏塑时的指痕。

87 指甲纹红陶罐

仰韶文化早期

1954～1957年西安半坡遗址出土

口径13厘米，底径6.6厘米，高15.1厘米

西安半坡博物馆藏

泥质红陶。敛口，口唇周围抹光，溜肩，腹部外鼓，最大径在腹中部，平底。腹部饰指甲纹。这类器物的形制、制作、纹饰及质料都高度统一。鼓腹的设计最大化地增加了内部容积，无论是储存粮食还是水都游刃有余。

88 剔刺纹红陶罐

仰韶文化早期

1954～1957年西安市半坡遗址出土

口径16厘米，底径9.5厘米，高10.5厘米

西安半坡博物馆藏

泥质红陶。大口，方唇较短，唇面略外斜，唇面上有一周浅凹槽，竖领，溜肩斜直，腹部微鼓出，下腹斜直内收，腹最大径在中部，平底。罐身装饰剔刺纹，是半坡类型常见的一种纹饰。

89 剔刺纹红陶罐

仰韶文化早期
1954～1957年西安市半坡遗址出土
口径14.9厘米，底径10.1厘米，高11厘米
西安半坡博物馆藏

泥质红陶。大口，口沿略平，唇面略外斜，其上有一周浅凹槽，器上部较直而下部微鼓，最大径在腹下部，平底。周身饰三角形剔刺纹。口沿巧妙外翻，不仅便于倾倒液体，更便于抓握，兼备实用性和美感。

90 弦纹红陶罐

仰韶文化早期
1972年渭南地区临潼县（今西安市临潼区）姜寨遗址ZHT12W296出土
口径13厘米，底径6.9厘米，高12.6厘米
西安半坡博物馆藏

泥质红陶。微敛口，平沿，唇略平，长肩微斜，鼓腹，平底。腹部有排列均匀整齐的数十道弦纹，弦纹是姜寨二期文化常见的纹饰，常常装饰在罐、瓮的肩部和腹部。

91 红陶盂

仰韶文化早期
1972年渭南地区临潼县（今西安市临潼区）姜寨遗址出土
口径12厘米，底径14.2厘米，高9厘米
西安半坡博物馆藏

泥质红陶。敛口，圆唇，上腹斜直，最大腹径在中腹部，腹部呈扁鼓状，底小而微凹。素面。姜寨二期文化出土了13件，大多为泥质红陶，有四件为夹砂红陶。红陶罐表面通体覆盖着均匀的红色陶衣，经过精细的磨光处理，呈现出温润诱人的光泽。

92 绳纹红陶瓮

仰韶文化早期

1972年渭南地区临潼县（今西安市临潼区）姜寨遗址出土

口径27.5厘米，底径10.1厘米，高29.2厘米

西安半坡博物馆藏

夹砂红陶。大口，圆唇，圆肩，上腹微鼓，下腹呈反弧状内收，小平底，最大径在腹上部。肩、腹部饰斜绳纹，底部有一个敲砸成不规则形的小孔。有可能为先民瓮棺葬的葬具，小孔为死者死后“灵魂”出入的通道。

93 红陶豆

仰韶文化早期

1954～1957年西安市半坡遗址出土

口径15.8厘米，高16厘米

西安半坡博物馆藏

夹砂红陶。器形较为别致，豆盘呈半球状，外形似高脚杯。器身上部呈钵状，钵外壁饰有对称的四个凸齿状装饰紧贴器壁，钻有一小孔；柄作直筒状；底座部分外撇，周边作纽丝纹。表面简洁素雅。

94 红陶澄滤器

仰韶文化早期
1972年渭南地区临潼县（今西安市临潼区）姜寨遗址出土
口长径5.6厘米，口短径3.8厘米，高4.4厘米
西安半坡博物馆藏

泥质红陶。器身矮扁，口部呈长椭圆形，壁斜直，平底。器四壁近底处各有一个小孔，均在各壁中部。此陶器目前用途不明，有学者认为可能是用来进行澄滤的器物。

95 灰陶刀

仰韶文化早期
1954～1957年西安市半坡遗址出土
长9.3厘米，宽5.1厘米，厚0.4厘米
西安半坡博物馆藏

泥质灰陶。呈长方形，长边一面打有刃面，短边两边有缺口，可以在绕绳之后将陶刀固定在手上，用于采集和收割。石器时代的重要特征之一就是能够制造和使用工具，除了陶制的工具，还出土了一些石制和骨制的工具。

96 红陶鹰纽

仰韶文化早期
1954～1957年西安市半坡遗址出土
残高8.6厘米
西安半坡博物馆藏

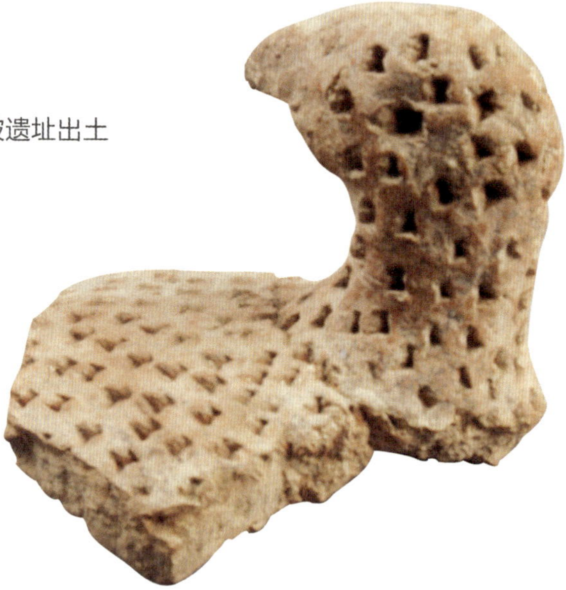

泥质红陶。一般为盖纽，既是实用器，又起装饰作用。嘴、头、颈俱全，用锥刺圆圈表示眼睛，专门雕刻出了鸟喙部分，其余器身遍饰三角形锥刺纹。此类陶塑鸟在新石器时代的大汶口文化和龙山文化中最为常见，均为捏塑而成，造型多样，制作朴拙，形象生动。

97 红陶兽纽

仰韶文化早期
1954～1957年西安市半坡遗址出土
长6.1厘米，高4.2厘米
西安半坡博物馆藏

泥质红陶。残件，动物形态较为完整，但种类不可辨，头似羊或牛，四肢直立，器身表面较为粗糙。此为仰韶文化早期陶塑，有可能是某件器物的盖纽。陶塑动物作为器盖纽或贴塑在器皿外壁作装饰，以圆雕鸟头最为常见，也偶见猪头、牛头、蜥蜴、蛇、蛙等。

98 红陶尖底瓶

仰韶文化中期
西安市高陵区杨官寨遗址出土
口径9.5厘米，高87厘米
陕西省考古研究院藏

泥质红陶。重唇口，细颈，溜肩，束腰，尖底，形体瘦长，最大腹径在上腹部。口部以下饰斜向细绳纹。尖底瓶是仰韶时代最具代表性的器物，仰韶文化半坡类型的尖底瓶杯形口、鼓腹、器身较粗；史家类型的是葫芦口，溜肩、体修长；庙底沟类型的是重唇口、体形较大。最新研究成果表明尖底瓶很可能是一种酿酒的器具，是盛装祭祀礼仪用酒的特制陶器。仰韶文化中期以后，尖底瓶器形明显增大，说明了社会对酒需求的增加。

99 红陶龟形壶

仰韶文化中期
1957年武功县（今咸阳市武功县）调拨
长41.1厘米，高16.2厘米
宝鸡青铜器博物院藏

泥质红陶。胎体整体较薄。呈倒三角形，有两个向上的开口，一边是普通的直口，另一边是一个好似张嘴的乌龟头，两个口中间的隆起也是仿照了乌龟的壳。这件陶器栩栩如生，展现了史前居民的审美情趣。

100 红陶高领罐

仰韶文化中期

延安市洛川县秦家河村出土

口径27.5厘米，底径16厘米，高44厘米

洛川县博物馆藏

夹砂红陶。敛口，折沿，深腹微鼓，平底，上腹部饰两个对称的横向鸡冠状双鋬。通体饰绳纹，腹中下部饰四条宽带状附加堆纹。此罐与华阴兴乐坊、高陵杨官寨出土高领罐形制相近。秦家河遗址是一处新石器时期遗址，从出土的彩陶曲腹盆、尖底瓶、灶、钵等器物来看，其属于仰韶文化庙底沟类型。

101 红陶高领罐

仰韶文化中期
2009年华阴市兴乐坊出土
口径40.8厘米，底径16.4厘米，高43.6厘米
陕西省考古研究院藏

泥质红陶。敞口高领，圆唇，窄沿外斜，上腹微鼓，下腹斜内收，平底。素面，上腹部饰两个对称的横向鸡冠状鋬。兴乐坊遗址的典型器物有重唇口尖底瓶、大口罐、折沿盆和瓮等，属于仰韶文化庙底沟类型，关中地区发现了这一时期的大量遗址。

102 褐陶杯

仰韶文化中期
20世纪50年代渭南专区华县
（今渭南市华州区）泉护村出土
口径6厘米，底径5.2厘米，高
4.9厘米
西安半坡博物馆藏

夹砂褐陶。喇叭口，圆唇，直筒腹，平底，底部有一圈锯齿形装饰。此种杯形器在姜寨遗址第四期也有出土。用途不详，也有人认为这类陶器应当是新石器时代人们日常使用的饮食器。

103 红陶塑人头像

仰韶文化中期
1973年延安地区（今延安市）
黄陵县出土
面宽6.5厘米，高7.6厘米
陕西历史博物馆藏

泥质红陶。人头像为手工捏塑而成，面颊内凹，眼、口以两个小孔和一个大孔表示，鼻子隆起成楔形。制作粗率，造型稚拙，反映了先民原始的陶塑技艺。虽然其还不能称为真正的陶俑，但已经显现出一丝中国古代陶塑艺术的原始之光。其用途有可能是祭祀沟通神明，抑或是某种原始的艺术表现，甚至有可能是先民玩赏之物。

104 涂朱砂灰陶人头像

仰韶文化中期
2008年西安市高陵县（今高陵区）杨官寨遗址出土
长13.5厘米，厚8厘米，高8厘米
陕西省考古研究院藏

泥质灰陶。人面向内凹，双眼和嘴巴制作成不规则的长方形孔，鼻部隆起。人面上残留有红色颜料，经检测为朱砂。这件人面形器可能是陶器上的装饰部分。仰韶文化中期庙底沟类型，人形饰在陶器的装饰中数量增多，或与大型祭祀活动盛行有关。

105 镂空红陶人面覆盆形器

仰韶文化中期

2008年西安市高陵县（今高陵区）杨官寨遗址出土

顶径14.2厘米，底径24厘米，高18厘米

陕西省考古研究院藏

泥质红陶。整体器形似一倒扣的盆，器壁上作出人面形象，施红色陶衣。人面的双眼和嘴部以弯月状镂空表现。鼻梁堆塑，细而挺直。类似器物在陕西洛川、山西吉县等地也有出土。有学者认为这类器物可能为器座，并与置于其上的器物一起用于某种祭祀或礼仪活动。

106 镂空灰陶人面覆盆形器

仰韶文化中期

延安市洛川县安民村出土

口径26.5厘米，底径16厘米，高27厘米

洛川县博物馆藏

泥质灰陶。形如一个倒置的盆，喇叭口，腹外撇，平底。素面，腹部三个椭圆形镂孔，分别为眼睛和嘴，堆塑的鼻梁突出于器表。杨官寨遗址出土一件器物与之类似，有可能是祭祀时使用的器物，或是特殊仪式使用的器座。

107 镂空红陶人面陶豆

仰韶文化中期
2008年西安市高陵县（今高陵区）杨官寨遗址出土
口径8.5厘米，底径9.2厘米，高13厘米
陕西省考古研究院藏

泥质红陶。钵形盘，高圈足外撇。圈足两面均有由三个圆形镂孔组成的人面。人面眼睛孔径为2厘米，嘴巴孔径为2.5厘米。这种镂空器可能是祭祀礼仪活动中的用器，也可能是当时的香薰用具。

108 红陶房屋模型

仰韶文化中期
1957年武功县（今咸阳市武功县）游凤遗址出土
底径5.6厘米，高8.8厘米
宝鸡青铜器博物院藏

夹砂红陶。尖顶，中空，椭圆形门。房屋尖顶与墙壁相接处饰有密集排列的竖直形绳纹，象征着屋顶的茅草结构，屋顶以下微微向内收，形似半地穴式房屋。这种房屋在新石器时代房屋遗址中较为多见，应是其客观存在的具体反映。游凤遗址共出土五件陶屋模型，为了解仰韶文化的房屋形状和结构提供了比较具体的资料。

109 红陶双釜灶

仰韶文化中期

1985年宝鸡市福临堡遗址出土

肩径50厘米，底径25厘米，通高40.5厘米

宝鸡市考古工作队藏

夹砂红陶。圆肩，最大径在肩部，腹壁斜收成圆形平底，正面下腹正中间有一个上方呈圆角形的方形火门，宽14、高15厘米，门边框高于灶壁。灶顶部呈斜坡状，有六个出烟孔。左右分置两釜，右釜完整，直口，窄折沿，方唇，颈微敛，深直腹，圜底，左釜残失。器身饰斜向绳纹，近口处有一道索纽状附加堆纹并且圈连两釜，肩部出烟孔下有一道附加堆纹，腹两侧中部有一对鸡冠状錾。此为新石器时代的炊具。

110 红陶双釜灶

仰韶文化中期
1992年宝鸡市发掘出土
高23.2厘米
陕西省考古研究院藏

夹砂红陶。圆肩，最大径在肩部，腹壁斜收成圆形平底，正面下腹正中间有马蹄形火门，门边框高于灶壁。灶顶部呈斜坡状，有八个出烟孔。左右分置两釜，釜窄折沿，方唇，颈微敛，直深腹，圜底。器身饰斜向绳纹，釜口处有一道索纽状附加堆纹并圈连两釜，肩部有一道附加堆纹，腹两侧中部有一对鸡冠状鋬。

111 红陶釜灶

仰韶文化中期

2009年华阴市兴乐坊遗址M1出土

釜：口径12.7厘米，腹最大径21.3厘米，高14.3厘米

灶：口径12.9厘米，腹径10.2厘米，底径10.6厘米，高9.1厘米

陕西省考古研究院藏

夹砂红陶。釜，侈口，圆唇，窄沿外斜，束颈，上腹部外斜，折腹，圜底。腹上部可见一贴附的小泥条，腹最大径在中部偏上，下腹有灰黑色的烟炱。素面。灶，侈口，尖唇，平沿较宽，沿内一周斜直，其上有三个等分对称的小支脚，腹壁直，腹壁上有三个细长条形的通风口，灶门呈长方形，仅底部有一周凸棱，灶底在与三个支脚对应处各有一个铲形足，足略高。腹部饰弦纹，灶门上部两侧各饰一个小泥饼。

112 贴塑壁虎纹红陶罐

仰韶文化晚期

1980年铜川市前峁遗址出土

口径14.2厘米，高17厘米

陕西历史博物馆藏

夹砂红褐陶。侈口，束颈，鼓腹，平底。通体饰粗绳纹，颈部堆贴一周圆饼形装饰，腹上部堆贴对称的小鋬和一只伏卧的壁虎。壁虎生动形象，制作手法拙朴。此类夹砂双鋬陶罐是仰韶文化晚期西王村类型的器物。

113 贴塑蛇纹红陶罐

仰韶文化晚期

1981年西安市灞桥区南殿村出土

最大口径18厘米，高15.5厘米

陕西历史博物馆藏

泥质红陶。口沿外侈，腹壁较直，平底。罐身两侧贴塑两条蛇纹，两条蛇反向缠绕于罐身上，蛇头皆露出罐口，相向对视。这种器形是仰韶文化西王村类型的宽折沿尊形盆，到仰韶文化末期变为深折腹盆，进而演变为黄河中游龙山晚期到夏商时期尊的一种，陶寺早期贵族墓葬中的彩绘尊形盆也是此类型的尊演变而来的。

114 红陶塑人像

仰韶文化晚期
1991年宝鸡市扶风县案板遗址出土
通高6.6厘米
西北大学博物馆藏

泥质红褐陶。头戴尖圆帽，圆眼，高鼻梁，大嘴，大耳。颔部外凸，似络腮胡状。帽子、鼻及胡须系捏塑，眼、嘴及耳孔为戳制。从残断处看，耳及上肢都为贴塑。人形陶塑一般被认为与遗址中的丧葬、仪式或祭祀活动具有密切的联系。

115 红陶人像

仰韶文化晚期
1991年宝鸡市扶风县案板遗址出土
通高5.9厘米
西北大学博物馆藏

泥质红褐陶。头戴尖圆帽，圆眼，高鼻梁，小嘴，大耳。鼻和帽子系捏塑，耳和上肢为贴塑，眼、嘴和耳孔为戳制而成。左手残缺，其余保存完整。案板二期共出土九件此类器物，这样来看，这些陶人形塑像应该已具有礼仪信仰的意义。

龙山文化

116 灰陶斝

龙山文化
20世纪70年代榆林市神木县（今神木市）石峁遗址出土
口径17厘米，高19.4厘米
西安半坡博物馆藏

夹砂灰陶。直口，方唇，高直领，领腹间有明显的折棱，圜底，三袋足，腹部偏上有对称的鋬。唇面有一周凹槽，口沿外饰三道弦纹，弦纹下有一周带状附加堆纹，腹饰粗篮纹。

117 黑陶斝

龙山文化

1977年商洛地区（今商洛市商州区）紫荆遗址出土

口径14.6厘米，高23.3厘米

陕西历史博物馆藏

夹砂黑陶。直口，短颈，腹微鼓，三袋足，器口外有对称双耳。颈与下腹部各饰一周条带状附加堆纹，其间饰圆圈状堆纹，三袋足与器身的相接处均有一周附加堆纹。紫荆遗址时代跨度从仰韶文化到西周文化，为研究商洛地区诸多文化的交流、影响、融合等提供了重要的科学资料。

118 灰陶盉

龙山文化
1987年榆林地区神木县（今神木市）
石峁遗址采集
口径8厘米，高12.5厘米
榆林市文物保护研究所藏

泥质灰陶。敛口，广折肩，收腹，管状流，肩两侧有一对鸡冠状附耳，圜底，三乳状袋足。肩部光素无纹，肩以下饰细绳纹。纹饰自然朴素，这都是龙山文化晚期的特点。

119 灰陶盉

龙山文化
20世纪70年代榆林地区神木县（今神木市）石峁遗址出土
口径4.8厘米，高6.8厘米
西安半坡博物馆藏

夹砂灰陶。敛口，阔肩，收腹，管状流，肩两侧有一对鸡冠状附耳，三袋足。肩以下饰细绳纹。器形极小，应该是明器。这种斝式盉与朱开沟盉形器相似，若去掉管状流，则与朱开沟的斝完全一致，时代应该属于龙山晚期。

120 灰陶壶

龙山文化

1973年渭南地区临潼县（今西安市临潼区）姜寨遗址T64H162出土

口径10厘米，高21厘米

陕西历史博物馆藏

泥质灰陶。小口微侈，直颈，鼓腹，假圈足。口沿一侧有向上拱起的管状流，另一侧有宽带状把手，是生活器类中的注水器。此器出土于姜寨遗址第五期文化，相当于客省庄二期文化遗存，也就是陕西龙山文化时期。

121 黑陶大口觚

龙山文化

1981年榆林地区神木县（今神木市）石峁遗址出土

口径7.4厘米，高12.7厘米

陕西历史博物馆藏

泥质黑陶。通体光素。侈口，高颈，深腹，小平底，尊身由喇叭口部分和下面的大口斜腹平底杯结合而成，接口处有一周突棱。石峁遗址出土了一些磨制精美的黑陶，具有实用与礼器功能。与龙山文化薄胎、磨光黑陶技术有高度相似性，器形又融合了北方草原、中原地区的因素，体现了新石器时代晚期中国北方多元文化的交汇。

122 刻划兽纹灰陶觚

龙山文化

1989年榆林地市（今榆林市）米脂县武郁渠村出土

口径7.4厘米，高21.7厘米

陕西历史博物馆藏

泥质灰陶。器为喇叭状，敞口，直筒腹，平底。通体刻划纹饰，图案清晰，构图抽象。颈部刻一动物，形似龟，背上刻划的圆圈纹好像龟盖，但又长着长足，腿细长，爪子像鸟爪，腹部刻数道斜线纹，此类型陶觚在陶寺文化中也有出土。是研究陕北地区龙山文化面貌的重要实物资料。陶器上刻划动物纹在大汶口文化、良渚文化都常见，细阴线刻划的纹饰装饰图案，在陕北龙山文化中较少见。

123 灰陶单耳杯

龙山文化
1987年延安地区吴旗县（今延安市吴起县）刘圪崂村出土
口径11.5厘米，底径7.6厘米，高13.7厘米
吴起县文物管理委员会办公室藏

夹砂灰陶。侈口，圆唇，垂腹，腹下近底处内折，斜收成小平底。杯一侧从口沿至折腹有一宽鋬。鋬上整齐刻划数条直线纹，上腹部光素，折腹以下饰篮纹。

124 红陶单把杯

龙山文化
1980年延安地区安塞县（今延安市安塞区）双山则村出土
口径8.5厘米，底径7.8厘米，高17.3厘米
延安市安塞区文化文物馆藏

细泥红褐陶。直口，颈微束，器腹略鼓，小平底。腹侧有一绳索状单把。通体饰篮纹。

125 蛇曲纹灰陶罐

龙山文化

延安市志丹县丁岔村出土

口径 11.4 厘米，腹径 13.3 厘米，高 16.5 厘米

志丹县文物管理所藏

泥质灰陶。敞口，束颈，腹微鼓，平底，单鋬。颈部贴塑小圆饼，腹部饰刮抹而成的不规则细凸弦纹。半圆形单鋬，表面贴塑小圆饼和蛇曲状附加堆纹。此种形制的罐常见于宁夏南部及附近的龙山文化早期，属于菜园类型。

126 灰陶高领罐

龙山文化
口径7.3厘米，底径4厘米，高9.3厘米
西安半坡博物馆藏

泥质灰陶。侈口，高领，颈部内收，折腹，平底。通体打磨光滑，光素无纹。此器物与石峁遗址出土的高领罐近似。

127 红陶偏口罐

龙山文化
1988年延安地区（今延安市宝塔区）纸坊沟村出土
口径10厘米，底径9.5厘米，高23.5厘米
延安市文物研究院藏

夹砂红陶。器顶有一短流，圆肩，肩部斜开一大圆孔，深腹，小平底。通体饰交错绳纹。偏口罐流行于常山下层文化和马家窑文化，这两种文化主要流行于甘青地区，在延安地区出土则极为少见。

128 灰陶双系罐

龙山文化

延安市志丹县丁岔村出土

口径11.1厘米，底径9厘米，高21.8厘米

志丹县文物管理所藏

夹砂灰陶。直口，束颈，筒状深腹，平底。颈部抹光，素面，颈部有两个对称钻孔形成的小系。上腹部饰竖向粗绳纹，下腹部饰斜向绳纹。

129 红陶双耳罐

龙山文化
1958年征集
口径11.9厘米，高19厘米
岐山县博物馆藏

泥质红陶。陶胎薄且匀称，轮制。直口，高领，耳下部与腹部形成折棱，小平底微凸，折腹，平底，口沿至折腹处有对称的宽扁大鋬。通体光素。这种双耳折腹罐是齐家文化的风格。关中西部客省庄二期文化类型遗址中红陶数量显著增加，同时也出现了一定数量的陶胎较薄的磨光黑陶。器形特点比较接近齐家文化的特征，在岐山双庵遗址，这种风格则更加浓重。根据考古材料已经确知，典型的齐家文化遗存的东界已经到达关中西部汧水、渭水一带。

130 灰陶三耳罐

龙山文化
1982年宝鸡市岐山县双庵遗址出土
底径5.3厘米，高12厘米
陕西历史博物馆藏

泥质灰陶。直口，长颈，折腹微鼓，平底。颈部饰四道弦纹，器口外有三个间隔等距的宽带状耳。双庵遗址是客省庄文化的重要遗址之一，精美的泥质薄胎双耳折腹罐和三耳罐是客省庄文化受齐家文化影响后形成的器形，有的器口呈锯齿花边状，有的器盖做屋檐、屋顶状，都显示了客省庄文化的特色。

131 灰陶三足瓮

龙山文化

1981年榆林地区神木县（今神木市）石峁遗址出土

口径27.4厘米，高50.7厘米

陕西历史博物馆藏

夹砂灰陶。形体高大，敛口，深腹，圜底之下有三足，通体拍印篮纹，中腹有三圈弦纹。形体高大的三足瓮是当时生活中的盛储器。据目前的考古发现，这种三足瓮主要流行于龙山文化及夏商时期，大致分布在陕北、晋北以及内蒙古中南部一带。

132 堆贴方格纹灰陶鼓

龙山文化

2008年榆林市绥德县郭家沟村征集

口径18厘米，最大腹径40厘米，高110厘米

榆林市文物保护研究所藏

泥质灰陶。胎体密实，轻敲即铿锵有声。小口，筒状长颈，折腹圆鼓状，近口沿处有一圈喙形乳突，筒口下有一周锥角状凸纽，分为上下两行；腹底折棱下开四个凸出的音孔。除颈部以下小部分外露磨光外，整个器身饰横向篮纹并外贴网格状泥条。陶鼓在石峁遗址中出土数量不少，在陶寺遗址早期的大型墓葬中也有出土，是先民所使用的打击乐器。这件陶鼓的体积比较大，可能在聚落中的重要场合中使用。

先秦时期

夏商周时期，灰陶成为主流，器类多见鼎、簋、斝、觚、尊、壶、鬲等。西周时陶器礼制化，陶簋、陶豆等仿铜陶礼器制作精美。秦国陶器以彩绘陶礼器和茧形壶、麻点纹陶釜为代表，出现陶灶、陶仓模型等反映生活的用具，陶文戳印开启了文字载体的新形式。先秦陶器从生活用具发展为礼乐制度载体，其形制、纹饰与陶文共同构成了研究周秦文明的重要物证。

133 釜形鼎

夏代晚期

1996 年商洛地区（今商洛市商州区）东龙山遗址出土

口径 14.5 厘米，高 22 厘米

商洛市商州区博物馆藏

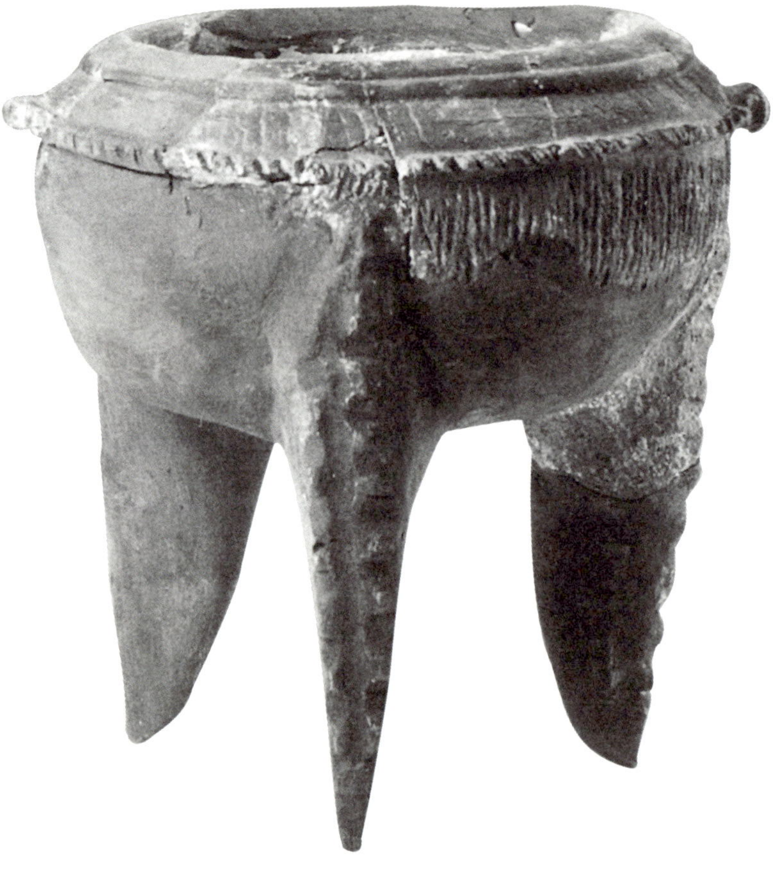

夹砂灰褐陶。敛口，圆折肩，腹较深，圜底，三角形扁足。肩部一圈索状堆塑纹并两对称的鸡冠鋬，腹部饰竖绳纹，底部饰交错绳纹，三足外缘捏压成花边状。

134 灰陶斝

夏代

1996 年榆林地区神木县（今神木市）新华遗址出土

口径22.5厘米，高31.4厘米

陕西省考古研究院藏

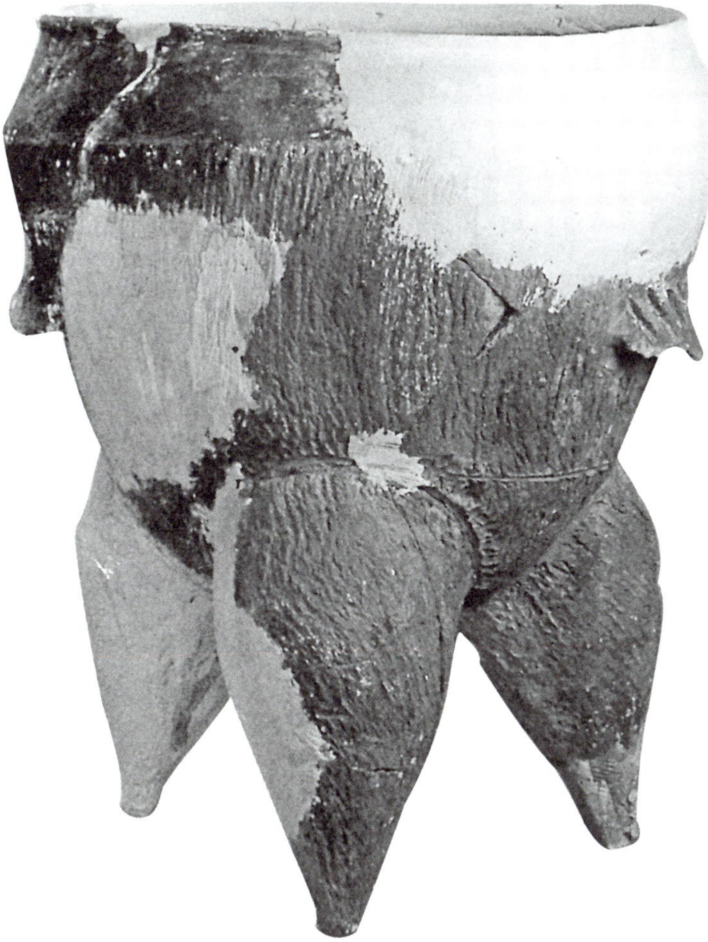

泥质灰陶。敛口，内折沿，方唇，唇面有凹槽，腹壁斜收，圜底，下接三瘦长乳状袋足，实足根，器身中部对称黏附鸡冠状鋬。沿外素面，腹足部饰绳纹。新华遗址出土的双鋬高领斝与陶寺所出的斝近似，敛口形制又与客省庄文化有一定的联系。

135 灰陶三足瓮

夏代

1999 年榆林市神木县（今神木市）新华遗址出土

口径29.6厘米，高60厘米，足高3.2厘米

陕西省考古研究院藏

泥质灰陶。器形高大厚重，袋状足较低矮，整体呈蛋形。敛口，方唇，深腹弧曲，下腹鼓圆，宽裆微弧，三低乳状袋足外张，空足根。泥条盘筑成型，器身与袋足分别成型，相接处抹泥加固。口外抹光，其下饰一圈戳印纹，以下通体饰竖篮纹。此种三足瓮形态与朱开沟类型的同类器接近。

136 黑陶双耳罐

夏代

1996年商洛地区（今商洛市商州区）东龙山遗址出土

口径8厘米，底径5.5厘米，高14.7厘米

商洛市商州区博物馆藏

泥质黑陶。圆口略侈，颈较长，口沿至肩部置两宽扁状拱形耳，腹部圆鼓，平底。耳上饰两道凸弦纹，颈及上腹部饰五组弦纹。陶质细腻，打磨光滑。

137 花边口红陶罐

夏代早期
1988年西安市灞桥区老牛坡遗址出土
口径12厘米，底径18厘米，高18厘米
西北大学博物馆藏

泥质红陶。直口微侈，尖唇，束颈，圆鼓腹，平底。口沿下附加一周泥条压印成的锯齿状花边带，颈部素面，腹部饰细绳纹。花边口沿陶器占老牛坡遗址出土陶器的60%，其他同时期文化少见，可能受齐家文化的影响。老牛坡商文化地层中常见此类陶器一直影响到耀州区北村遗址。

138 单耳花边口褐陶罐

夏代
1988年西安市灞桥区老牛坡遗址出土
口径9.6厘米，腹径15.2厘米，高16厘米
西北大学博物馆藏

泥质褐陶。侈口，圆唇，高颈，圆鼓腹，圜底。口沿至上腹置一宽扁状拱形耳，口沿下附加一周绳索状泥条带。颈部素面，耳上压印羽状纹，腹饰细绳纹。

139 红陶鬲

商代早期
1996年商洛地区（今商洛市商州区）
东龙山遗址出土
口径14.4厘米，高17厘米
商洛市博物馆（商洛市考古队、秦岭博物馆）藏

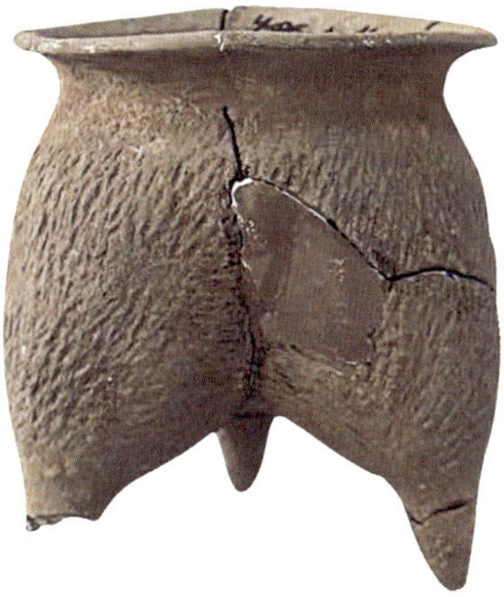

夹砂红陶。侈口，卷沿，袋足外张，锥状实足根。腹部饰交错细绳纹。此鬲形制是商式鬲。东龙山商代遗存与以郑州二里岗遗址为代表的商代早期遗址关系密切。陶器方面，二者不仅陶系、纹饰以及器类都基本相同，还有不少器物的形制亦基本相同。

140 灰陶鬲

商代早期
1985年西安市灞桥区老牛坡
遗址出土
口径14.4厘米，高16厘米
西北大学文化遗产学院藏

夹砂灰陶。折沿，方唇，颈微束，分裆较高，三袋足，下附高锥状实足，出土时足尖稍残。颈部绳纹抹去，戳印一周圆圈纹，其下加一周凹弦纹，腹部饰细绳纹，足尖抹光。此鬲与二里岗V式陶鬲相似，东龙山遗址商代地层也出土同类型器。东龙山商代遗存与老牛坡商代遗存有许多相似之处。

141 灰陶高领袋足鬲

商代晚期
1983年咸阳市长武县碾子坡遗址出土
口径22厘米，高22.5厘米
陕西历史博物馆藏

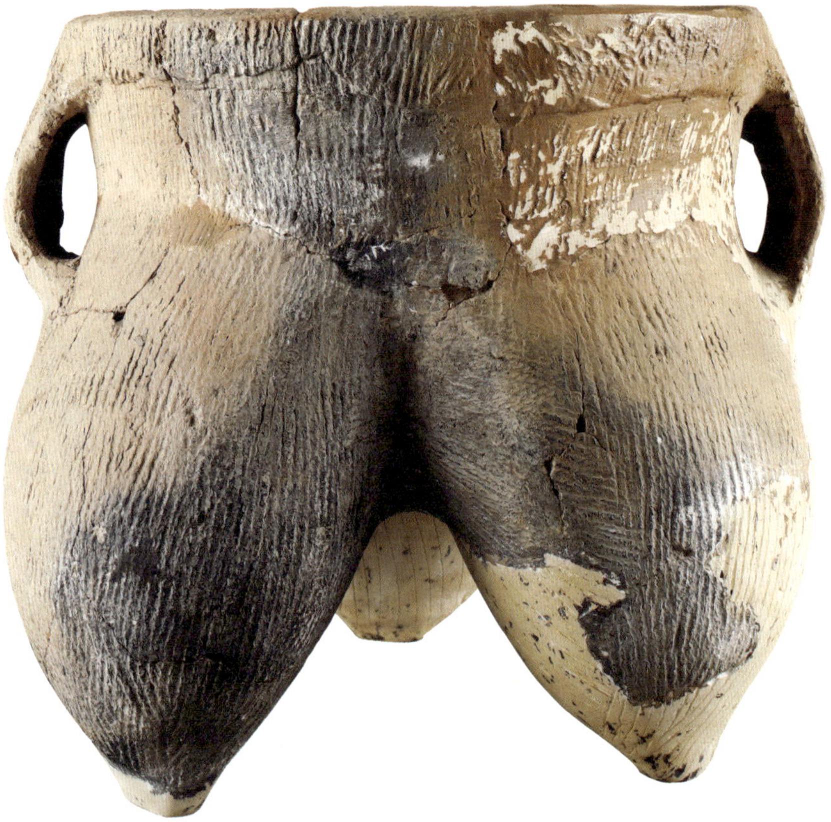

夹砂灰陶。直口，高领，两侧有宽扁双耳，三乳状袋足瘦长，靠裆一侧较扁，呈扁圆形，扁锥形足根较宽大，似铲形。通体饰绳纹，领外附加一圈泥条。碾子坡鬲绳纹很细，常常在口沿上附加一圈齿状泥条，或有宽耳和鸡冠形鋬。先周时期关中西部多见高领袋足鬲，而关中东部分布的主要是联裆鬲。

142 灰陶花边口鬲

商代

1984年咸阳市长武县碾子坡遗址出土

口径12厘米，高11厘米

陕西历史博物馆藏

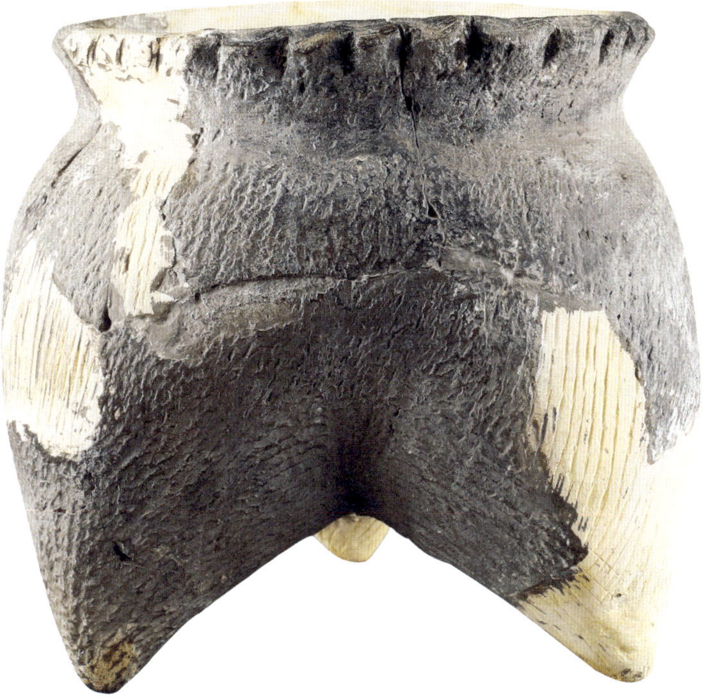

泥质灰陶。花边口，圆唇，束颈，三足较肥硕，外撇，横截面近椭圆形，足尖外撇较大，足根中空。通体饰较浅的细绳纹，足部饰横绳纹，条理较清晰。学界普遍认为这类鬲是商时期的器物，与同时期关中地区周先族使用的陶器差异较大，陶鬲为判断商周两族的族属起着至关重要的作用。

143 灰陶高领袋足鬲

商代

1981年宝鸡市扶风县刘家村墓地出土

口径23.5厘米，通高26.7厘米

宝鸡市考古工作队藏

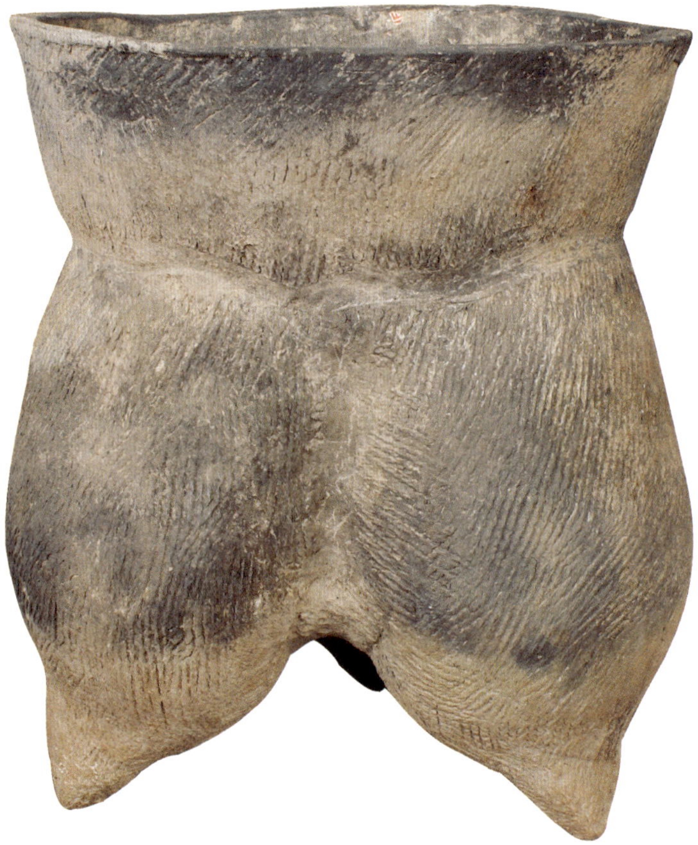

夹砂灰陶。侈口，平唇，高领微外侈，束颈，三袋足肥硕，附加有圆锥形足根。横截面近圆形，通体饰较浅的细绳纹，条理较清晰。学界普遍认为这类鬲是先周时期姜戎的器物，是西周建立前周族联盟姜戎使用的器物。高领袋足鬲是区分先周与西周界限的器物，对解决西周族群的形成变化有指示作用。

144 红陶鬲

商代

1981年宝鸡市武功县（今咸阳市武功县）郑家坡遗址出土

口径28.3厘米，高32.9厘米

陕西历史博物馆藏

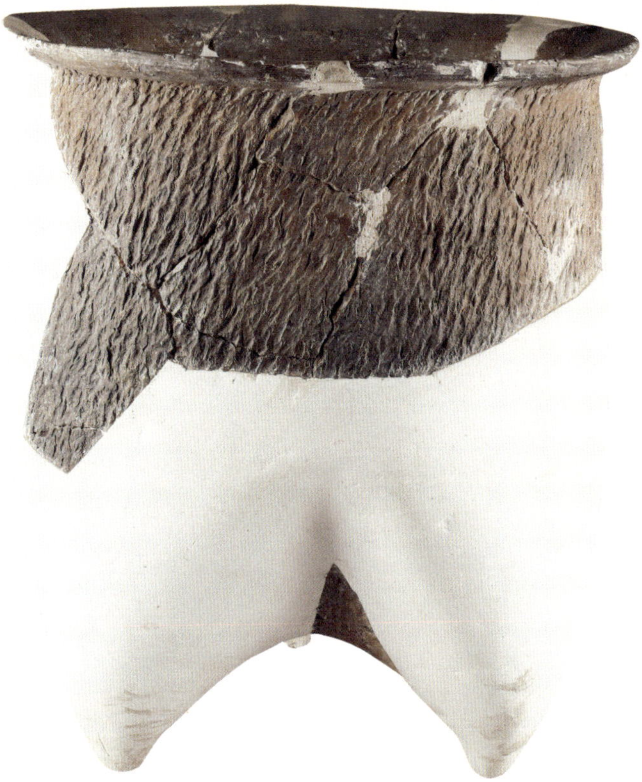

夹砂红褐陶。器作直筒状，敞口，尖唇，直腹，弧形连裆，裆上凹瘪较高，内隔高，矮锥足。通体饰粗疏散乱、呈麦粒状的绳纹。瘪裆鬲是先用泥条盘筑一个泥桶，然后将下端分成三份，向内挤压，泥边捏合起来形成三足。由于向内挤压，形成了裆内瘪，故称之瘪裆鬲。

145 兽面纹灰陶簋

商代

1985年西安市灞桥区老牛坡遗址出土

口径23.4厘米，高14厘米

西北大学文化遗产学院藏

泥质灰陶。是仿铜陶簋，口部残，经修复，平沿，圆唇，下腹微鼓斜收，矮圈足。颈部有一周凹弦纹，腹中部饰一周四组兽面纹，纹饰带上下各以凹弦纹镶边，兽面巨眉、突目、咧口，形态规整，刻划流畅。此类兽面纹与商代青铜器上常见的同类纹饰作风完全相同，但在陶器上较罕见。商代仿铜陶礼器是当时陶器的一个类型，是仿照同时期青铜器形制烧造的一种随葬陶礼器。

146 灰陶簋

商代

2007年西安市灞桥区袁家崖出土

口径21.5厘米，高15.5厘米

陕西历史博物馆藏

泥质灰陶。侈口，方尖唇，束颈，深腹，腹壁斜收，圈足外撇。通体饰细绳纹。这种盆式簋在河南安阳地区出土较多，是商人使用的重要器物之一。商文化在商早期已进入关中地区，形成早商文化北村类型，其后，又深入关中西部，中商阶段抵达扶风、岐山一带。

147 黑皮陶簋

商代
1981年宝鸡市武功县（今咸阳市武功县）郑家坡遗址出土
口径17.5厘米，高9.5厘米
陕西历史博物馆藏

泥质磨光黑皮陶，红褐胎。敞口，尖圆唇，斜直腹，矮圈足。腹上部为素面，下部饰绳纹。这件陶簋出土在郑家坡中期，此时期的泥质陶中，红褐陶与灰陶各占近半，但磨光黑皮陶仍占一定比例，陶器的制法与早期相同，纹饰以绳纹为主。

148 红陶假腹豆

商代
1996年商洛地区（今商洛市商州区）东龙山遗址出土
口径17.4厘米，底径10厘米，高9.5厘米
商洛市博物馆（商洛市考古队、秦岭博物馆）藏

泥质红陶。侈口，平折沿，豆盘极浅，底近平，粗柄，喇叭形圈足。豆柄底足饰一道凸弦纹，中部有对称十字形镂孔。陶豆与二里冈Ⅰ式陶豆相似。《说文解字》中有记载：“豆，古食肉之器也。从口，象形。”这表明豆原本是用来盛放肉类食物的器具。另据《诗·大雅·生民》中的描述：“卬盛于豆，于豆于登。”意为将祭品置于豆中后，手持豆器进献。豆用途广泛，既可盛放肉食，也可用来盛装腌菜、肉酱等调味品；它既是日常生活中的实用盛食器具，也是祭祀时的重要礼器。

149 灰陶豆

商代

1983年咸阳市长武县碾子坡遗址出土

口径23.5厘米，高12.5厘米

陕西历史博物馆藏

泥质灰陶。大敞口，宽折沿，深腹，高圈足。上部状若浅腹盘，下接喇叭座，是周式豆。此类型陶豆发展至西周时期，豆盘腹部较深，细长喇叭座中部有两道弦纹，素面，如丰邑马王镇西周墓葬中的陶豆。后者应是因袭了碾子坡陶豆的形制。

150 灰陶尊

商代
1958年西安市灞桥区老牛
坡基建工地出土
口径19.5厘米，足径15.2
厘米，高23.9厘米
陕西历史博物馆藏

泥质灰陶。为仿铜陶尊，侈口，方唇，直领，颈微收，鼓腹，宽体直筒形，圈足。六组弦纹将整个陶尊由上而下分为八个部分，其中第二、第五部分有三角形蕉叶纹，且有高出纹饰的扉棱，扉棱又把整个陶尊分为三个等分弧面。该陶尊与殷墟的仿铜陶尊形制一致，流行于殷墟时期。

151 红陶双耳杯

商代
1981年宝鸡市武功县（今咸阳市武功县）尚家坡征集
口径11.7厘米，底径7.2厘米，高9厘米
陕西历史博物馆藏

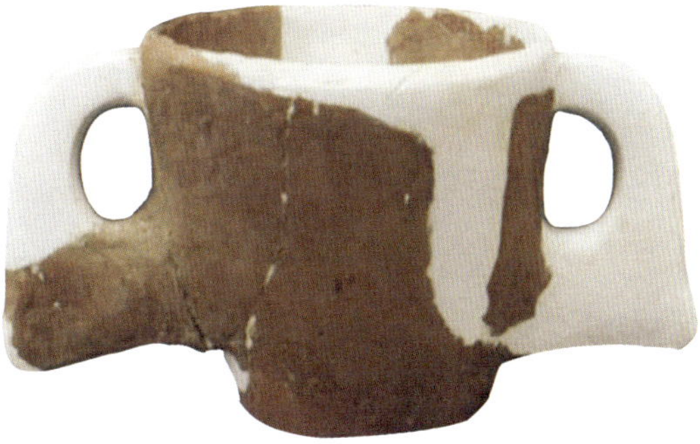

泥质红陶。敛口，尖唇，斜直腹，器口大于底，腹壁两侧有对称的扉棱形双耳，小平底。器通体光素。此为先周文化仅见的双耳杯。

152 灰陶单錾罐

商代
1981年宝鸡市扶风县刘家村M4出土
口径11厘米，底径8厘米，高16厘米
宝鸡周原博物院藏

夹砂灰陶。直口，方唇，高直领，圆鼓腹，小底微内凹。口沿下和颈部各有一道弦纹，通体饰较浅的绳纹，条理较清晰。单錾较宽，有戳压的痕迹。刘家遗址以高领袋足鬲和单、双耳罐组合，作为随葬器物。刘家类型基本分布于天水以东、扶风以西的渭河流域，以宝鸡一带最为密集，是影响先周文化形成的重要一支，是西周王朝周族群形成中尤为特殊的组成部分。

153 灰陶圜底双耳罐

商代

1981年宝鸡市扶风县刘家村M7出土

口径12.5厘米，高27.5厘米

宝鸡周原博物院藏

夹砂灰陶。口微敛，方唇，高直领溜肩，颈部贴塑绳索状条纹泥条，鼓腹较深，圜底腹，两侧有半环形耳。通体饰错乱的细绳纹，条理较清晰。罐是刘家文化非常有特色的随葬品，有单耳、双耳、腹耳罐，多为平底，圜底较少，器耳上多有刻划纹、指窝纹或三角刺纹。年代相当于殷墟三期。

154 灰陶折肩罐

商代

1983年咸阳市长武县碾子坡遗址出土

口径23.7厘米，高27.8厘米

陕西历史博物馆藏

泥质灰陶。敞口，束颈，折肩，腹微斜收，平底。颈到腹部饰五组弦纹，下腹饰绳纹。折肩罐是周文化中最常见的陶器之一，在不同时期的遗址中出土数量比较多，碾子坡的折肩罐与刘家墓葬所出同类器的形制及纹饰雷同。

155 马鞍口罐

商代晚期

1976 年宝鸡市竹园沟墓地 M1 出土

口径 6.4 厘米 ×7.8 厘米，高 15.2 厘米

宝鸡青铜器博物院藏

泥质陶，陶色灰黑、棕褐间杂。侈口，束颈，高领，双耳，口及腹身呈扁体椭圆形，口沿中部下凹呈大马鞍形，双耳上部连口沿处下凹呈小马鞍形，腹部圆鼓，最大径在腹中部，下腹急收，高圈足与罐体二次捏合。手制，器内壁有手捏和指痕。此器是寺洼文化的陶器风格，更近似甘肃东部安国类型的陶器。

156 灰陶瓮

商代

1984年咸阳市武功县郑家坡遗址出土

口径17厘米，高48厘米

陕西历史博物馆藏

泥质灰陶。敛口，折肩，器壁线条近直，深腹，平底。肩及上腹为素面，下腹部饰绳纹和弦纹。碾子坡陶瓮直口、折肩，器腹较深，器壁斜收，饰绳纹和弦纹，表现出不同族群之间的差异。瓮是一种常见的生活陶器，承装谷物和液体，是生活的必需品，泥条盘筑构成大体，用陶拍斜拍增加泥条连接度及强度。

157 灰陶鬲

西周
1983年宝鸡市千阳县冉家沟大队出土
口径13.6厘米，高14厘米
陕西历史博物馆藏

夹砂灰陶。侈口，圆唇，束颈，口沿略卷而高，鼓腹，鬲足尖锥，实足根，鬲足内侧起脊，裆内脊不作尖脊状突起，器表粗糙。通体饰细绳纹，足根戳有少许麻点纹。

158 灰陶鬲

西周
2007年入藏
口径13.3厘米，高9.5厘米
西安半坡博物馆藏

泥质灰陶。侈口，宽沿，圆唇，束颈，腹微鼓，三柱足。通体磨光无纹饰。商周时期鬲是重要的礼器，此鬲与商周之际的青铜鬲特点相似，是西周早期偏晚的仿铜陶鬲，具有礼制的含义。

159 灰陶鬲

西周
1999年宝鸡市扶风县齐家村出土
口径13.9厘米，高11厘米
岐山周原博物馆藏

泥质灰陶。整体器形较矮，略成方形，侈口，口沿内卷，平沿较宽，束颈，小折肩，腹壁微鼓，裆部较平，三柱足，腹径略大于口径。颈部磨光，通体饰细绳纹间隔弦纹。

160 灰陶鬲

西周
2007年考古发掘出土
口径13.9厘米，高11厘米
西安半坡博物馆藏

泥质灰陶。侈口，口沿内卷，平沿较宽，束颈，折肩，腹壁较直，瘪裆，三锥足，足尖较平。腹部等距离贴塑三个泥饼。颈部磨光，通体饰细绳纹间隔弦纹。此鬲是西周中期流行的鬲形制。

161 灰陶鬲

西周

1960年西安市长安县（今长安区）张家坡墓地出土

口径16厘米，高11.5厘米

陕西历史博物馆藏

泥质灰陶。侈口，口沿内卷，平沿较宽有突棱，束颈，折肩，腹壁较直，瘪裆微连，柱足，通体无纹饰，足部有扉棱，折肩上贴塑三个小泥饼。西周中晚期，这类仿铜陶鬲多出现在级别相对较低的墓葬中，是礼仪制度出现后明器化现象的一种体现。

162 灰陶簋

西周

1960年西安市长安县（今长安区）张家坡墓地出土

口径25厘米，高17厘米

陕西历史博物馆藏

泥质灰陶。敞口，三角方唇，斜腹微鼓，粗矮圈足。颈部磨光，腹部饰斜细绳纹，制作较精致。商周时期簋是重要的礼器，此种类型的陶簋是典型的商人使用的盆形簋，在西周早期遗存中较为常见。

163 灰陶豆

西周

1973年宝鸡市岐山县贺家村6号墓出土

口径14厘米，高12厘米

宝鸡周原博物院藏

泥质灰陶。敛口，方唇，豆盘很浅，柄较矮且粗，内空，底部填实，形成空腹。通体素面，在盘口和柄上各有两道凹弦纹。豆是西周常见的用器，是断代中非常重要的陶器之一。不同等级贵族所使用的“豆”的数量，古代有着明确的规定，据《礼记·礼器》记载：“礼有以多为贵者……天子之豆二十有六，诸公十有六，诸侯十有二，上大夫八，下大夫六。”由此可见，这是一种以多为贵的礼仪用器，身份越尊贵，使用器具数量越多。

164 灰陶贯耳壶

西周

1963年宝鸡专区（今宝鸡市）岐山县贺家村出土，1974年陕西省考古研究所移交

口径9.6厘米，足径9.8厘米，通高33.8厘米

陕西历史博物馆藏

泥质灰陶。子母口，器直口，束颈，圆鼓腹，圜底，高圈足；盖圆形，高高隆起，中部有圆形捉手。颈部有一周泥条，上拍印雷纹，两侧接桥形贯耳，器身青灰色，盖略呈黑色。

165 灰陶贯耳壶

西周

1960年西安市长安县（今长安区）张家坡墓地出土

口径9.7厘米，通高40.3厘米

陕西历史博物馆藏

泥质灰陶。器直口，长颈，颈腹无明显分界，深腹，腹下部圆鼓，圜底，器身有如悬胆状；盖上圆形捉手直径与盖相同，矮圈足，直径大。器身颈腹之间有两道凹弦纹，两侧各有一个贯耳，具有明显的仿铜壶特色。壶是常见的生活陶器，装水或酒。

166 红陶盉

西周

1977年考古发掘出土

口径10.6厘米，腹深11厘米，流长7.9厘米，

通高20.9厘米

宝鸡周原博物院藏

泥质红陶。器圆口，斜鼓腹，长流，三柱足；盖绳索纽，器盖隆起，成覆钵形，盉颈部饰两道弦纹。盉盛行于商代和西周初期，是一种常见的生活陶器，陶盛装液体，是礼仪的必备品，《周礼》记载的“沃盥之礼”，即用盉（匜）倒水，主人顺水流洗手，水流入盘中，这就是盘盉组合，其作用和匜相当。此盉是仿铜陶礼器，作为礼器随葬。

167 索耳灰陶盘

西周
1977年考古发掘出土
口径24.3厘米，腹深7厘米，高10.6厘米
宝鸡周原博物院藏

泥质灰陶。直口，圆唇，直颈，腹斜内收，圜底，高圈足。通体素面，两附耳残缺。是一种常见的生活用器，可盛装液体，是生活必需品。《周礼》记载行“沃盥之礼”时，用匜倒水，主人顺水流洗手，水流入盘中，即盘匜组合。

168 灰陶尖底罐

西周早期
1976年宝鸡市竹园沟墓地出土
口径8.8厘米，高10.5厘米
宝鸡青铜器博物院藏

泥质灰陶，陶胎薄。侈口，口沿微卷，束颈，下腹急收，尖锥底。器壁较薄，素面。这种小尖底罐不但在遗址灰坑中大量存在，而且在竹园沟、茹家庄西周墓葬中也多有出土。尖底器多见于四川新繁、广汉早期蜀人遗存，是一种具有地方文化特征的陶器。

169 灰陶单錾双联罐

西周
1976年宝鸡市竹园沟墓地出土
横长17.6厘米，高8.3厘米
宝鸡青铜器博物院藏

泥质青灰陶。由两个器形、大小相同的罐并联而成。罐直口，沿微外侈，高领，腹部扁鼓较浅，下腹弧收，平底。两罐腹壁有一圆孔连通。单鋬较宽，鋬上端连两罐口沿，口沿平齐，下端连两罐腹部。口沿及颈部、腹部有刮抹加工痕迹。制作精致，器形奇特。双联或多联陶器是寺洼文化陶器的特点。

170 周易卦文灰陶罐

西周

1989年淳化县石桥镇出土

口径6.5厘米，底径9厘米，高13.5厘米

淳化县博物馆藏

泥质灰陶。侈口，平沿，圆唇，束颈，溜肩，上腹较鼓，平底。颈部、肩部、腹部刻划弦纹，腹部弦纹间以短竖线纹填充，陶罐肩部饰五道弦纹。符号文字在弦纹之间，弦纹中又用两道竖弦纹分为10格，每格中各刻有一个符号，释读为周易卦符文字。

171 灰陶罐

西周

1960年西安市长安县马王公社（今长安区马王镇）出土

口径8.7厘米，高13厘米

陕西历史博物馆藏

泥质灰陶。侈口，方唇，宽斜沿，束颈，折肩，腹下斜收，平底。颈部饰三道弦纹，折肩上刻划两道波折纹，折肩下有一道凹弦纹，腹部素面。折肩罐是西周常见的随葬品，常常与鬲组合。

172 灰陶罐

西周

1978年考古发掘出土

口径14.5厘米，底径14.5厘米，高33.3厘米

商洛市博物馆（商洛市考古队、秦岭博物馆）藏

泥质灰陶。直口，方唇，卷沿，束颈，溜肩，腹微鼓较深，平底。通体饰方格纹。这件陶罐上的硬陶方格纹非常特殊，在北方出土较少，而在江浙一带出土较多，为西周时期南方地区的典型陶器。商洛市地处南北方交界处，出土印纹硬陶说明了文化间存在交流与融合。

173 彩绘折肩灰陶罐

西周
1972年宝鸡市岐山县贺家村出土
口径10厘米，底径7.5厘米，通高19.2厘米
岐山县周原博物馆藏

泥质灰陶。侈口，器高直领，折肩，斜直腹，平底；圆饼形盖上有捉手。盖、颈及肩部用朱红、橙黄色绘出纹样。盖上捉手涂朱，并绘两周朱红色纹样带，颈部绘三周橙黄、朱红纹样带，肩部用橙黄色勾出连续的三角纹样轮廓，再填以朱红色三角纹。

174 彩绘折腹灰陶罐

西周
1972年宝鸡市岐山县贺家村出土
口径11厘米，高22厘米
陕西历史博物馆藏

泥质灰陶。圆口外侈，方唇，束颈，溜肩，折腹，平底。壶身从颈部到腹部饰数道红色弦纹。彩绘陶器主要流行于汉代，西周的彩绘陶器非常少见。

175 灰陶三足罐

西周

1987年周原遗址内采集

口径8.3厘米，腹径15厘米，高9.8厘米

宝鸡周原博物院藏

泥质灰陶。直口，方唇，束颈，溜肩，折腹，腹下斜直内收，三袋足。溜肩上饰两周波折纹，中间被凹弦纹隔开，波折纹形成的三角中填充细绳纹。此罐形体较小，陶质较好，三鬲足为手制。小口鼓腹三足罐在扶风召陈、长安沣东等西周遗址中均有发现，是西周早、中期较为典型的一类陶器。

176 灰陶三足瓮

西周

2001年征集

口径43厘米，高79厘米

横山县文物管理办公室藏

泥质灰陶。侈口，窄沿，圆唇，束颈，溜肩，鼓腹，圜底，三柱足较矮，整体呈卵形。通体饰绳纹，唇下有一圈手戳锯齿状花边纹。三足瓮是一种常见的生活陶器，承装谷物和液体，是生活必需品，其用泥条盘筑成器体，再用陶拍斜拍增加泥条连接强度，这样就可以完成大瓮的制作。有学者认为三足瓮是自北向南从朱开沟文化传到周原的，横山出土的三足瓮正好填补了传播的路线空白。

177 红陶三足瓮

西周

1963年宝鸡专区（今宝鸡市）扶风县齐家村出土

口径38.7厘米，高66.2厘米

陕西历史博物馆藏

夹砂红陶。敛口，平沿，方唇，束颈，深腹，腹壁斜直向外略鼓，最大腹径在腹底部，圜底，三个乳袋状空足。形体高大，胎较厚。通体饰斜细绳纹。三足瓮最早出现在内蒙古南部、陕西黄土高原北部的仰韶文化时期，随后从北向南进入中原地区。夏、商、周时期流行范围更广，在北方各遗址中均普遍存在。西周时期的三足瓮多出自关中地区，作为盛放粮食的存储器，有仓的性质，也有用作随葬的情况。

178 灰陶多孔器

西周

1996年宝鸡市扶风县齐家村出土

口径4.5厘米，高11.5厘米

宝鸡周原博物院藏

泥质灰陶。直口，方唇，束颈，溜肩，鼓腹，平底，腹侧有一方形鋬。通体饰细绳纹。全身有25个孔，腹部18个，底部7个，这类器物出土较少，用途不明。

179 灰陶甗

春秋

1959年铜川市（今铜川市耀州区）泰山庙征集

口径14厘米，高12.6厘米

陕西历史博物馆藏

泥质灰陶。甑部小平沿，方唇，扁鼓腹较浅，三锥足，甑和鬲为连体。通体饰绳纹，鬲裆部有刀削切的痕迹。甗是炊煮器，上甑用于清蒸，下鬲为加热，为典型的春秋时期生活实用器。

180 陶鼎

春秋

1996年商洛地区（今商洛市）丹凤县古城村墓葬出土

口径18.4厘米，通高22.6厘米

商洛市博物馆（商洛市考古队、秦岭博物馆）藏

红褐陶。器身子母口，浅腹，圜底，三蹄形足较高。盘形盖，盖顶中央有一泥凸小纽，盘盖上有两圈凸弦纹，外圈弦纹处有三个圆柄形纽；器腹饰一道凸弦纹，器表施白色陶衣。此鼎与秦式鼎差异较大，应是楚式鼎，春秋时期，丹江上游地区是楚国的领地，也是秦楚文化交流和融合的见证。

181 彩绘灰陶簋

春秋秦

1986年宝鸡市陇县边家庄出土

口径16厘米，腹径19.7厘米，通高14.5厘米

陇县博物馆藏

泥质灰陶。器敛口，方唇，平沿，器腹极浅，扁平环耳，耳孔较大，圈足，足有出棱。有盖，盖上有圆形捉手。通体饰红、白彩相间的带状钩折纹，圈足饰白彩三角纹，象征云雾缭绕，是陪葬品。五鼎四簋是大夫的陪葬级别，簋越多则级别越高，而秦人用彩绘的陶簋陪葬，说明其已经融入了周的礼乐文化。

182 彩绘灰陶壶

春秋秦

1986年宝鸡市陇县边家庄出土

口径11.8厘米，腹颈15.5厘米，高23.5厘米

陇县博物馆藏

泥质灰陶。直方口，圆唇，直颈较长，腹部微鼓，半环状双耳，平底。通体饰彩绘，为仿铜陶壶。口沿与足部饰白彩钩折纹，颈部和腹部绘回纹，腰部绘一周三角纹。方口深腹带耳壶多饰红、白彩，是秦文化的独特风格。

183 彩绘灰陶壶

春秋秦

1986年宝鸡市陇县边家庄出土

口径9.2厘米，腹颈13.2厘米，高30厘米

陇县博物馆藏

泥质灰陶。壶体瘦长，椭方侈口，平沿，束腰，椭圆形鼓腹，平底，高圈足，双附耳为平板形兽面，高于器口，衔环。通体饰红、白彩带构成的回纹、钩折纹和三角纹等。此种陶壶均为明器。

184 彩绘灰陶壶

春秋秦
1986年宝鸡市陇县边家庄出土
口径10厘米，腹颈13.4厘米，高26厘米
陇县博物馆藏

泥质灰陶。椭方口略小，折沿，斜方唇，直颈微束，筒状腹，腹中部微鼓，平底，兽面附耳立于肩外侧，高于口沿。器表饰白彩回纹。其设计简约而不失庄重，整件器物历尽2000多年的沧桑，依旧保存完好，实为罕见。

185 莲盖灰陶漆壶

春秋

1985年商洛市洛南县西寺墓群出土

口径10.8厘米，底径13.3厘米，通高33厘米

商洛市博物馆（商洛市考古队、秦岭博物馆）藏

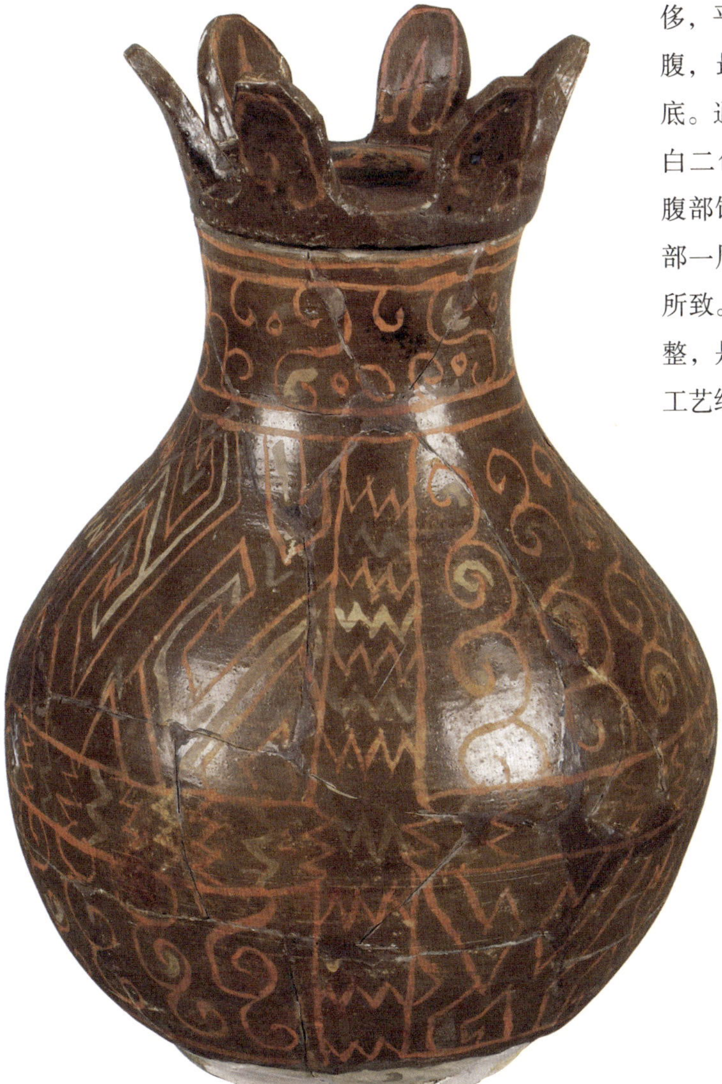

泥质灰陶。上为莲瓣形盖，盖心隆起，壶口微外侈，平沿，束颈，溜肩，鼓腹，最大径在腹中部，平底。通体髹黑漆，漆上有红白二色彩绘，颈部饰云纹，腹部饰勾连纹、波折纹，底部一周露胎，应为漆皮脱落所致。其造型精美，保存完整，是春秋时期制陶和髹漆工艺结合的代表性器物。

186 刻字灰陶囷

春秋

1976年渭南地区临潼县（今西安市临潼区）上焦村7号秦墓出土

口径18.5厘米，高17厘米

陕西历史博物馆藏

泥质灰陶。囷的盖与器各为单体，失盖。器直口，方唇，微鼓腹，腹下内收微束呈平底，在方形囷门的上方阴刻一“囷”字。《考古记》贾公彦疏称，“囷圜仓方，穿地曰峁”，因此这种形似圆屋形的贮粮模型就是囷。而汉墓出土的陶囷上有墨书“白米囷”，证实了此器的名称和用途。

187 彩绘灰陶囷

春秋秦

1986年宝鸡市陇县边家庄出土

底径12厘米，通高23厘米

陇县博物馆藏

泥质灰陶。囷盖和器身各为单体，无子母合口，腹壁微弧，盖为斗笠形，有乳状抓手，椭圆的陶仓体上开方口，大圈足直径与器盖相等，圈足上有一道凸弦纹。器表饰红、白彩带相间的格形、钩折形和平行线等饰纹。陇县边家庄秦墓往往随葬陶囷，是西周以来以敬神为代表的陪葬理念转化为以经济基础为载体观念的一种体现。

188 彩绘灰陶仓

春秋秦

1986年宝鸡市陇县边家庄出土

底径5.5厘米，通高11.8厘米

陇县博物馆藏

泥质灰陶。作圆屋形，仓盖为圆形斜坡状，椭圆的陶仓体上开方口作仓门，平底，圈足。盖上饰有白、红相间的方形网格纹，腹部饰一道白彩和一道凸弦纹。白、红的彩绘颜色在春秋早期秦人的墓葬中很流行，这种色彩让墓葬显得更加鲜艳，有可能代表生命的重生。

189 大喇叭口灰陶罐

春秋秦

1986年宝鸡市陇县边家庄出土

口径27厘米，高17厘米

陇县博物馆藏

泥质灰陶。大喇叭口，方唇，束颈，圆肩，鼓腹，腹下斜收，平底。腹部饰一圈粗绳纹，其余均为素面。大喇叭口罐是春秋时期秦人使用的器物之一，也是区分秦人和其他族群的代表器物之一，陇县出土的这一批早期秦文化的器物为研究秦的发展提供了实物资料。

190 灰陶大口罐

春秋

发掘出土

口径22厘米，底径12.5厘米，高30.5厘米

陕西历史博物馆藏

泥质灰陶。喇叭形口，口沿宽平，束颈，圆肩，肩部有两对称绹索状耳，鼓腹，腹下斜收成平底。肩部饰三组弦纹和两周刻划的折线纹，肩下磨光，腹部饰绳纹。

191 灰陶三足瓮

春秋

1983年宝鸡市凤翔县南指挥村出土

口径21.8厘米，通高46厘米，足高5厘米

凤翔县博物馆藏

泥质灰陶。圆口，卷平沿，方圆唇，束颈，腹部近球状，三圆锥足。肩部抹光，腹部以下饰斜细绳纹。该器的渊源应是仰韶文化尖底瓶与河套地区土著文化蛋形瓮，其最早出现在内蒙古南部、陕西黄土高原北部，三足着地平稳，又利于通风防潮，非常实用，且很有地域特色，一直沿用至两周时期。

192 褐陶铲足鬲

战国

2011年延安市黄陵县寨头河战国戎人墓地出土

口径10.5厘米，高12.5厘米

陕西省考古研究院藏

夹砂褐陶。侈口，矮直领，口沿处有一单耳，耳顶面与口沿齐平，下折后连接于袋足上部，袋足下接三个扁铲状实足。通体素面，质地斑驳。铲足鬲常见于陇东一带的戎人墓地中，是戎人的典型器物，甘肃毛家坪等地出土较多，与各类无耳、带耳或带鋬的侈口罐组合出土。

193 灰陶敦

战国

1996年商洛地区（今商洛市）丹凤县古城村墓葬出土

口径14.5厘米，通高26厘米

商洛市博物馆（商洛市考古队、秦岭博物馆）藏

泥质灰陶。盖、身形态和大小相同，扣合后整体呈椭圆球形，口径与盖、器身的高度基本相等，子母口。口沿外有对称的环耳，器纽和器足呈“S”形，似弯钩状。表面光素，并施白色陶衣。敦既是实用的食器，也是庄严的礼器。在古代的祭祀与宴会场合，人们常将黍、稷、稻、粱等五谷杂粮盛放于青铜敦中，以彰显其尊贵与庄重。此敦有明显的仿楚式铜敦的风格，丹凤出土的这批陶器在器形、组合方面与楚文化、秦文化都有关联，也有不同，为研究秦楚文化的交流提供了极其重要的资料。

194 灰陶盉

战国
拨交
口径9厘米，通高20厘米
陕西历史博物馆藏

泥质灰陶。圆盖扁平，直口，圆唇，束颈，兽首形流，圆鼓腹，三蹄足外撇。通体光素，无纹饰，器表有打磨的痕迹。颈部有一圈环和套环。盉是盛水器，在祭祀、宴会等重要礼仪场合开始前，盉和盘配套使用实施“沃盥之礼”。

195 灰陶豆

战国
2005年征集
口径19厘米，通高18厘米
陕西历史博物馆藏

泥质灰陶。有盖，方口，圆唇，盘深腹，柄粗短，盘盖上有圆形捉手，盖和盘都饰有凹弦纹。豆是先秦时期重要的生活用具，这类豆不同于齐的高柄豆，而属于周秦系的带盖高足豆。春秋时期以后，豆的形体发生了新的变化，带盖豆的出现预示着豆实用性的进一步增强，器盖翻转过来还能作为盛放物品的容器，设计巧妙，独具匠心。

196 “频市”灰陶甑

战国秦

1986年征集，铜川市郊区（今印台区）柳湾村出土

口径30.6厘米，底径13.2厘米，高12.8厘米

耀州窑博物馆藏

泥质灰陶。入藏时拼对完整。口沿窄圆，方唇，束颈，折肩，腹下斜收，平底。通体光素，内底戳印“频市”二字。20世纪80年代，陕西铜川博物馆征集了六件带戳记的陶器。其中铜川市北关（同官县故城）周围的柳湾村一墓葬中出土一戳印“频亭”的灰陶罐、一戳印“频市”的灰陶甑、一戳印“频市”的夹砂红陶釜，县城南关一墓葬出土二戳印“频市”的陶缶，以及宜君县云梦出土一戳印“频亭”的陶缶。

197 “频市”灰陶罐

战国秦

1984年铜川市南关（今印台区）出土

口径11.8厘米，底径14.3厘米，高27厘米

耀州窑博物馆藏

泥质灰陶。小敞口，束颈，卷沿外侈，圆肩，扁腹，平底。肩饰五周宽带绳纹，用手指抹光，肩有“频市”戳记。上腹饰一周粗弦纹，下腹饰两周宽带绳纹。《史记·秦本纪》记载秦厉公二十一年，“初县频阳”。陶罐上的戳印文字为研究战国的字体、当时的地方行政机构和历史地理的考证提供了实物资料。

198 "隐成吕氏"灰陶缶

战国秦

1976年宝鸡市凤翔县高庄秦墓M6出土

口径8.5厘米，底径14.8厘米，高33.2厘米

陕西历史博物馆藏

泥质灰陶。圆口，方唇，平沿，束颈，折肩，腹斜收，平底。通体素面，腹部饰三周绳纹。此件陶器出土于高庄墓地，肩部刻划"隐成吕氏缶，容十斗"。根器陶文得知这件器物自名"缶"，《史记・廉颇蔺相如列传》记"击缶"的典故，"秦王为赵王击缶"的"缶"即是这种陶罐。可见其原是盛水或酒的器皿。

199 “北园吕氏”灰陶缶

战国秦

1976年宝鸡市凤翔县高庄秦墓M7出土

口径12厘米，高34厘米

陕西历史博物馆藏

泥质灰陶。小口，卷沿，口部有残缺，细颈，折肩，下腹斜收且微内敛，小平底。腹部饰绳纹。肩上刻写陶文“北园吕氏缶容十斗”八字，自名为“缶”，记容量为十斗。高庄墓地出土的陶缶一共有17件，都是泥质灰陶，多数在肩上都刻有铭文。有些陶文系烧前刻写，烧制后填朱；有些烧制后刻写，没有填朱。

200 “浆膚”灰陶罐

战国秦

1984年安康地区（今安康市）一里坡战国墓出土

口径14.3厘米，底径13厘米，高15厘米

陕西历史博物馆藏

泥质灰陶。直口，平沿，短颈，鼓腹，平底。腹中部饰一周宽凸弦纹带，上压印波浪形绳纹，肩部有白垩粉篆书“浆膚”二字。“浆膚”可能是肉浆一类的食物。浆，酱也，《说文》：“醢也。”此罐可能是装酱的容器。

201 “频亭”红陶釜

战国秦
1986年征集，铜川市南郊（今印台区）
柳湾村出土
口径13.4厘米，高10.5厘米
耀州窑博物馆藏

夹砂红陶。窄沿微卷，方唇，束颈，折肩，圆鼓腹，圜底。颈部饰一周绳纹，折肩刻划短线纹，腹部饰麻点纹。肩部拍印“频亭”二字。陶釜为战国秦汉时期常见的炊器，《史记·绛侯周勃世家》“西定汧，还下郿、频阳。围章邯废丘”，《括地志》所云“频阳故城在雍州同官县界”是史籍对同官县古名频阳的最早记载。秦频阳故城在今陕西富平县东北美原镇古城村，面积约20万平方米。

202 “咸成重遨”灰陶釜

战国秦

咸阳市渭城区塔尔坡墓地22区M9出土

口径23厘米，高20厘米

咸阳博物院藏

夹砂灰陶。侈口，平唇，鼓腹，圜底，肩部素面无纹饰，戳印陶文“咸成重遨”篆字。腹三分之二处至圜底拍有绳纹及大麻点纹，底有烟炱痕。秦从春秋开始形成自己独有的器物特点，其中大麻点纹和大喇叭口罐是最明显的两个特征。此器陶文清晰，有较高的文物价值，为研究秦制陶工艺提供了实物资料。

203 红陶鍪

战国
1953年西北文化局移交
口径13厘米，高14厘米
陕西历史博物馆藏

夹砂红陶。直口，圆唇，束颈较短，圆鼓腹，颈部有一半环形耳，圜底。颈、肩及上腹部光素，下腹及圜底上有粗绳纹。鍪从战国中期开始出现，它是秦式鬲三足退化后发展的新器形，上腹部与肩部相近，下腹较圆，圜底。战国晚期鬲完全被鍪取代。

204 灰陶响器

战国秦
1959年秦都遗址采集
直径9.2厘米，厚3厘米
咸阳博物院藏

泥质灰陶。模印成两个半圆形，再度黏合成扁圆形。上饰老虎、刺猬、蛇、鱼、莲叶，都是用极细的阳线勾勒而成。鱼和莲叶在老虎的背上方，老虎眼睛圆睁，嘴大张，吐着舌头仿佛在喘息，尾巴上翘作奔跑状，刺猬与蛇对峙。器中空，摇动时有沙沙响声。有学者认为是模印玩具，还有学者认为是热疗器具。1998年西安北郊交通学校秦墓、西汉南越王墓出土了同类器物。

秦汉时期

秦汉时期陶器以泥质灰陶为主，典型器物有茧形壶、盆、鬲、釜、盂、豆、罐、缶、瓮、仓等，其中罐、缶、瓮等大体量陶器的器身多有地名、姓氏、容量等戳印、刻划文字。汉代彩绘陶器色彩丰富，有白、红、蓝、紫等色，又创烧了低温铅釉陶，器类有碗、盘、罐、炉等日用器，鼎、敦等仿铜陶礼器，还有楼阁、圈舍、井、灶、陂池等反映农耕生活与厚葬之风的器物，纹饰流行四神、云气、动植物纹。

205 灰陶茧形壶

秦代

1961年咸阳专区（今咸阳市）长陵车站秦手工业作坊遗址出土

口径15厘米，腹径长68厘米，宽57厘米

咸阳博物院藏

泥质灰陶。重唇口，方圆唇，束颈，溜肩，斜鼓腹，圜底，通体弦纹与细绳纹间隔。茧形壶大量出现在秦汉时期的墓葬中，是重要的陪葬品之一，这类器形不多见于其他六国，是战国秦独有的器形。有学者认为茧形壶是秦不断融入其他族群时吸纳其他文化所形成的陶器，并据此认为秦是多民族混融的结果。

206 彩绘灰陶鼎

西汉
2000年考古发掘出土
口径17.5厘米，通高17厘米
榆林市文物保护研究所藏

泥质灰陶。鼎盖隆起，子母口。器圆口，方唇，腹壁较直，圜底，三柱足微外撇，双附耳。盖上用红、白、黑彩绘出弧线三角，口沿下用红、黑彩绘出相间的波折纹，足根绘兽眼，柱足上也用红、黑彩绘出弧线。这件彩绘陶鼎出现的时代相对较晚，已经进入西汉早期，可见鼎文化源远流长。

207 酱釉灰陶鼎

汉代

2000年在延安市安塞区征集

口径14厘米，通高15厘米

横山县文物管理委员会办公室藏

泥质灰陶。鼎盖高高隆起，浅覆钵形，盖顶饰四个扁纽。器子母口微内敛，方唇，腹壁较直，深腹，圜底，肩附对称板耳，三蹄形足。通体施釉，器盖、双耳及纽施绿釉，器身施酱釉。

208 黄釉彩绘红陶鼎

汉代
1995年延安地区（今延安市）甘泉县城内出土
口径10厘米，通高17.5厘米
甘泉县博物馆藏

泥质红陶。弧形盖高高隆起，顶部饰有三个半环形纽。器子母口，敛口，圆鼓腹有一圈突棱，方形附耳外撇，圜底，三蹄形足。上腹部装饰两道瓦楞纹，下腹部饰细弦纹。通体施黄色釉，盖部饰阴线刻划连弧纹，线刻纹上绘白彩。

209 灰陶甗

西汉

2000年考古发掘出土

釜口径6.5厘米，甑口径21.5厘米，通高20厘米

榆林市文物保护研究所藏

泥质灰陶。甑，侈口，方唇，折腹，上腹壁较直，平底有箅孔，圈足；鬲部，敛口，腹中部出宽平沿，圜底，三蹄足。通体绘红白彩的云气纹。甗是商代出现的常用的蒸食炊器，鬲中盛水煮沸后，蒸汽通过甑底箅孔进入甑内蒸熟食物。

210 绿釉灰陶甗

东汉

考古发掘出土

甑口径 22.4 厘米，釜口径 9.4 厘米，通高 32 厘米

佳县文化馆藏

泥质灰陶。甑，侈口，方圆唇，腹壁斜收，平底有箅孔；鬲部，宽平沿，圆鼓腹，腹中部有一条宽折沿，腹部较深，三蹄足较高，通体施绿釉。陕西咸阳茂陵一号无名冢一号陪葬坑出土“阳信家鏖甗”，实际上是一件釜和一件甑。西汉时期，陶甗鬲部多演变成釜，又称釜甑。釜甑流行于西汉中晚期，东汉时期已较为少见。

211 彩绘灰陶锺

汉代

西安市郊区出土

口径9厘米，腹径21厘米，通高24.7厘米

陕西历史博物馆藏

泥质灰陶。有盖；器圆口，微侈，方唇，卷沿，长颈，溜肩，腹部扁鼓，高圈足。通体饰红色彩绘，纹饰为变体的几何形纹饰，分为五个区域，各区以弦纹间隔，颈部绘“S”形纹，肩部绘三角纹，腹部饰云纹和变形三角纹。红色为墓葬中常用的几类颜色之一。该器类是汉代彩绘陶质生活用器的典型器物之一。

212 黄釉白彩红陶壶

汉代
1995年延安地区（今延安市）甘泉县城内出土
口径21厘米，底径12厘米，高44.5厘米
甘泉县博物馆藏

泥质红陶。壶口外侈，卷唇，长颈，圆肩，鼓腹，腹下斜收，假圈足。通体施黄釉。壶口下饰一周白彩宽带纹，器身刻划几道不等分的细弦纹，颈腹部刻划三只奔跑状、昂首展翅欲飞的朱雀，朱雀身上敷白彩。壶形体高大，制作规整，特别是颈腹部所装饰的三只朱雀颇具动感，十分生动逼真，是汉代釉陶器中的精品。

213 绿釉灰陶壶

东汉
1978年西安铁路局交
口径18.5厘米，高47.5厘米
陕西历史博物馆藏

泥质灰陶。壶口微侈，方唇，长颈微束，圆鼓腹，假圈足，通体施绿釉。在腹部模印有变形动物纹饰，纹饰被凸弦纹间隔，形成模印动物纹带。绿釉陶出现的时间大概在西汉中晚期以后，流行于东汉，是专为随葬而烧制的一种陶器，是古代低温铅釉技术的发端。

214 双耳褐釉红陶壶

汉代

1963年西安市北郊车家堡出土，陕西省文物管理委员会办公室拨交

口径16厘米，底径19.7厘米，通高48厘米

陕西历史博物馆藏

泥质红陶。口微外侈，小盘口，尖方唇，束颈略长，溜肩，圆鼓腹，腹下斜收，小平底。肩部贴塑铺首衔环。口沿外侧、颈部、腹部各饰有一周波浪纹，三道凸弦纹将壶分为三部分，肩部饰细线刻划变形龙纹，两两相对，共两周。器施半釉，下腹部露出红胎，是一件不可多得的艺术品。

215 彩绘灰陶钫

西汉

1975年渭南地区临潼县（今西安市临潼区）新丰遗址出土

口径12厘米，通高47厘米

陕西历史博物馆藏

泥质灰陶。方形盖，盖四角各有一凤鸟形纽，器方口，方唇，束颈，鼓腹，方圈足，腹部贴塑兽首衔环。盖上有彩绘，腹部饰红色几何形彩绘，三道弦纹将器身分为四个区域，绘三角纹、云气纹等。色彩艳丽，纹饰精美。为仿铜陶钫，时代特征明显。彩绘陶器一般流行于春秋晚期到西汉中期，是陪葬品之一。

216 黄釉白彩红陶钫

汉代

延安市甘泉县公安局移交

口径8.8厘米，底径9厘米，高19.2厘米

甘泉县博物馆藏

泥质红陶。方口，束颈，方垂腹，方圈足。圈足内有压印的窝痕。通体施黄釉，口沿下饰一周白彩宽带纹，器身绘白彩云气纹。纹饰简洁、流畅，富有浪漫的气息。

217 彩绘灰陶茧形壶

西汉

2000年考古发掘出土

口径12厘米，足径9.3厘米，高28厘米

榆林市文物保护研究所藏

泥质灰陶。圆口，方圆唇，折沿，束颈，溜肩，鸭蛋形腹，小圈足。通体饰红、白彩绘的宽带纹、云气纹，纹饰左右对称，色彩鲜艳。茧形壶大量出现在秦汉时期的墓葬中，是重要的丧葬陪葬品之一，造型别致而富于变化，是秦文化的代表性器物之一，最早出现在陕西关中地区战国晚期的秦墓中，汉代时，茧形壶继续传播和发展。在陕西、四川、重庆、贵州、广西、广东、湖北、河南、甘肃等地的西汉早期墓葬中都有茧形壶的出土，甚至在广东、广西等少数民族的墓葬中也有发现，是秦文化的扩张和影响。

218 黑陶茧形壶

汉代

咸阳黄家沟出土

口径 12.8 厘米，高 28.7 厘米

陕西历史博物馆藏

泥质黑陶。直口，宽平沿，长颈，鸭蛋形腹，圈足。颈部饰三道横向凸弦纹，壶身饰九组竖向凹弦纹。器身通体磨光。

219 彩绘灰陶盒

西汉
1960年西安市北稍门外出土
口径16厘米，通高16厘米
陕西历史博物馆藏

泥制灰陶。盖为覆钵形，顶有矮圈足形捉手，器子母口内敛，深腹略弧，平底。通体施红、白彩，口沿下饰一周红彩宽弦纹，盖上彩绘勾云纹、弧边三角纹等。器身彩绘剥落殆尽。

220 黄釉灰陶盒

汉代
1954年西安市西郊白家口出土
口径16厘米，通高16厘米
陕西历史博物馆藏

泥质灰陶。盖覆钵形，顶有矮圈足形捉手，器子母口内敛，深腹略弧，圜底，矮圈足。从器盖到器身依次细线刻网格纹、锯齿纹、折线纹间云纹。通体施黄釉。这种细线刻是仿汉代岭南盛行的细线刻青铜器的纹饰。器盖、器身可以分开使用，也可以合在一起为一件器物，这类器物出现在战国时期，西汉早期也有使用，流行在关中及其附近地区，主要出现在墓葬中，为陪葬品之一，而黄、绿釉的出现相对较晚。

221 褐釉灰陶魁

东汉

2000年征集

口径9.5厘米，底径7厘米，通高7.5厘米

横山县文物管理委员会办公室藏

泥质灰陶。口外侈，方唇，微束颈，上腹较直，下腹斜收，平底，短柄作龙头状。通体施黄釉，口沿及龙柄上施绿釉。汉代盛羹用魁，口径较勺大，形制类似勺或匜，勺是圜底，不能平放，匜有流而魁无流。

222 黄釉灰陶罐

西汉

1982年移交

口径7.5厘米，腹径14厘米，高11.5厘米

宝鸡市金台区文化馆藏

泥质灰陶。侈口，方唇，卷沿，束颈，丰肩，上腹圆鼓，最大径在罐腹上部，平底。通体施黄釉。西汉武帝时期铅釉陶器以黏土作胎，以铅作助熔剂，约在700℃熔融，温度较低，属于低温釉陶。铅釉陶在东汉时期极为盛行，所发现的汉代铅釉陶器都是明器。

223 黄釉红陶奁

西汉

1991年捐赠

口径18.5厘米，腹围59厘米，通高17厘米

陕西历史博物馆藏

泥质红陶。盖浅碟形，顶部中心有三乳突状纽，盖沿外卷起棱；器平沿，方唇，直筒腹，平底，三蹄形足。器身轮制，足模制，而后黏接，腹内壁有数周轮旋纹。奁体由两周云雷纹加一周云气纹构成，上层云雷纹为浅绿色，中间的云气纹为浅绿色，下层云雷纹为白色，奁盖饰凹弦纹，弦纹之间饰浅绿色云气纹。陶奁是秦汉时期墓葬中常见的随葬品之一。

224 “南陵”灰陶水缶

西汉
1952年灞桥热电厂（今西安市东郊）出土
口径13厘米，高23厘米
陕西历史博物馆藏

泥质灰陶。侈口，圆唇，短粗颈，溜肩，鼓腹，下腹弧收，平底，肩部有“南陵大泉乘舆水缶”八字。《三辅黄图》卷六记载“文帝母薄姬南陵”，《汉书》师古注“霸陵之南，故曰南陵”，这件陶器应是薄太后南陵日用的盛水器。

225 “合阳”灰陶罐

汉代

1976年渭南地区（今渭南市）合阳县东王乡工地出土

口径18厘米，底径14厘米，高22.2厘米

合阳县博物馆藏

泥质灰陶。侈口，圆唇，束颈，圆肩，鼓腹，平底。局部饰较浅的细绳纹，局部有拍印痕，制作粗糙，有刮削修整痕。这件罐肩部印戳“合阳亭”三字，为研究合阳的城镇建制史提供了实物资料。

226 “齐盐鲁豉”灰陶双联罐

汉代

2008年征集

长18.5厘米，宽9.5厘米，高14.5厘米

陕西历史博物馆藏

泥质灰陶。器为长方形，有两圆口，方唇，束颈，四方腹，平底。在罐体上有刻划纹，一面有刻“齐盐”“鲁豉”四个字。汉诗“白盐海东来，美豉出鲁门”，可见齐盐、鲁豉是当时的名品。陶文也证实了此器是盛调料的方形罐。双联罐是一种特殊的罐体，是承装豉、酱等的器物。

227 “建宁五年”红陶盆

汉代
1994年捐赠
口径23.3厘米，底径19厘米，高18厘米
合阳县博物馆藏

泥质红陶。敛口，卷沿，方唇，斜鼓腹，平底，通体无纹饰。这类盆是最常见的生活用品，虽然器形常见，但盆内有用红色朱砂书写的镇墓文，且围绕盆底做辐射状排列，27行共288字。有“建宁五年”的题名，字体隶书，为该件器物的年代提供了准确的证据，也是该类器物的断代标准器。

228 “太始”灰陶蒜头壶

汉代

1953年俱怀玺捐赠

口径3厘米，高21厘米

陕西历史博物馆藏

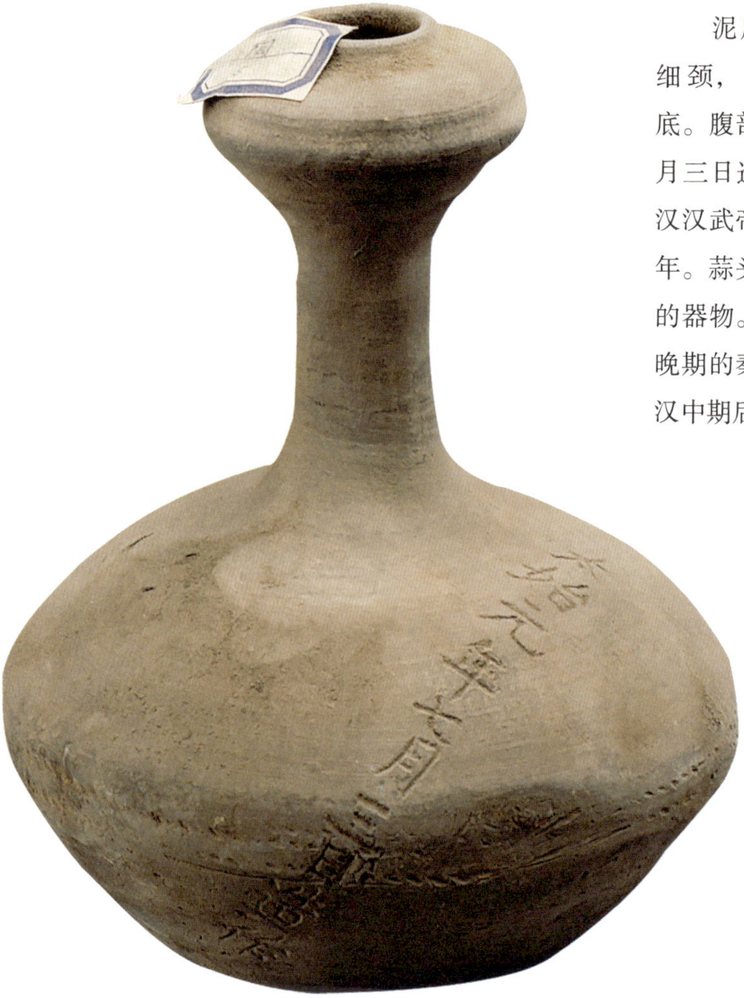

泥质灰陶。蒜头小口，细颈，圆肩，扁鼓腹，平底。腹部刻字“太始元年七月三日造作”。“太始”为西汉汉武帝年号，即公元前96年。蒜头壶是用来盛酒、水的器物。蒜头壶始见于战国晚期的秦文化墓葬中，至西汉中期后逐渐衰落。

229 绿釉红陶仓

东汉

1985年渭南地区（今渭南市）韩城市财税局基建工地出土

通高51.5厘米，檐长46.5厘米，檐宽23厘米

韩城市博物馆藏

泥质红陶。陶仓为庑殿式出檐，筒瓦包椽，中部有门，屋下有四个立足，足做熊形。房体中空未施釉，房体外表施绿釉，没有斗拱结构。陶仓出现在春秋时期，这个时期的陶仓多施白、红彩，进入西汉开始施黄釉，西汉晚期出现绿釉，是主要的随葬品之一。

230 绿釉红陶仓

汉

1964年河南省三门峡市出土

长15厘米，宽32.8厘米，高39厘米

陕西历史博物馆藏

泥质红陶。体高而扁，长方形阁楼式，单檐悬山式顶，前后各作筒瓦垄，屋顶有脊，楼上有两个仓门，中间有一圆形窗户，下面中间有网格纹装饰，两边各有横条装饰。器身下有四熊足。通体施绿釉。

231 酱釉鸡盖红陶囷

东汉

1993年延安地区（今延安市）富县出土

口径5.6厘米，底径11.7厘米，高32厘米

陕西历史博物馆藏

泥质红陶。器身为圆筒形，正中有隆起的仓盖，呈攒尖式顶，屋顶上塑有一只公鸡和一只母鸡，有瓦脊，通体施酱釉。器身上部有一窗户，窗下有一梯子，底沿有三足，窗框饰方格纹。

232 “黍粟”绿釉红陶囷

西汉

1962年西安市东郊5121工地出土

口径8厘米，腹围67厘米，高34.5厘米

陕西历史博物馆藏

泥质红陶。顶有圆口，身为圆桶状，圆形顶盖上有瓦垄，屋檐上有圆形瓦当，四道弦纹组成一组，共三组，将器身分为四部分。平底下附三熊足。囷顶上用墨书写有“黍粟囷”三字。通体施绿釉，釉层有剥落。陶囷是秦汉时期墓葬中最普遍的一种陶器模型。仓盖上常常墨书粮食的种类与容积。

233 树枝纹彩绘灰陶仓

西汉
1952年咸阳市狼家沟杨桂芳送交
腹径24厘米，通高27厘米
咸阳博物院藏

泥质灰陶。这类陶仓盖仿木质建筑的屋檐，顶部圆形屋顶形，器身筒状，直腹，有三短柱足。通体以白彩涂色，仓上半绘一黑彩仓门，下半部绘树纹，树枝弯曲似在风中摇曳。在陕北的画像石中，有许多神树的图案，是《山海经》所记的建木、若木、扶桑。在陶器上绘制树木的图案比较少见，也可能是受长生不老神仙思想的影响。

234 几何纹彩绘灰陶仓

西汉
1972年西安市基站出土
口径9.5厘米，通高42厘米
陕西历史博物馆藏

泥质灰陶。有盖，盖上有扉棱似房屋的瓦垄，器作圆筒状，肩部饰圆柱形柱檐，腹部上大下小，平底，三熊足，熊作负重物状，形象逼真。器身腹部作方形出谷孔，孔塞装饰人面形。腹部饰红色几何形彩绘，器身彩绘由三组弦线分出上、下四区，上下饰锯齿纹，中间两层分别绘菱形纹与云气纹。囷顶上用墨书写有“黍粟囷”三字。

235 几何纹彩绘灰陶囷

汉代

1991年征集，榆林市横山区黑石克村出土

口径4厘米，高15.5厘米

陕西历史博物馆藏

共征集五件，形制、大小、纹饰相同。泥质灰陶。小口微敛，平沿，短颈，折肩，深腹直壁，平底。用红、白、蓝、绿色绘制纹饰，口部及以下为红彩，折肩上、下及近底部用蓝彩衬底绘黑色网格纹，网格内绘“山”字图案，腹部中间用白彩绘六个类似逗号间隔的云气纹。五件陶囷上分别墨书“麻”“盐”“白米”“糜米”“□穬粟”，器形、大小与靖边张家坬汉墓出土的陶囷一样。这种形制的陶囷在榆林、靖边、子洲等地常见，具有浓郁的地方文化特色。

236 蔓草纹彩绘灰陶囷

汉代

2004年榆林市靖边县张家坬出土

肩径11.9厘米，高16.7厘米

陕西省考古研究院藏

共出土10件，形制、大小、纹饰相同。泥质灰陶。小口，平沿，折肩，深腹直壁，略呈鼓形，平底。通体施黑彩，再以红、白、蓝、绿彩绘出图案。口部及以下用红彩，折肩上下和底部饰黑底白色网格纹，腹中部上下各饰一圈白彩，中间红色底子上饰蔓草纹，其中花蕾为白色，花枝为蓝色，个别枝叶为绿色。这件囷的精妙之处就是彩绘，色彩鲜艳，保存完好。白彩的纹样与马王堆汉墓“长寿”绣和新疆楼兰“延年益寿”汉代织锦茱萸纹十分接近，将刺绣纹饰运用在陶器上十分罕见。其中一件囷（M3：19）出土时，其内装有大量的小蜗牛，可能是食用。

237 杂技俑盖黄釉红陶仓

汉

1995年延安地区（今延安市）甘泉县中学基建工程出土

口径7.1厘米，底径13.8厘米，通高44厘米

甘泉县博物馆收藏

泥质红陶。由仓身和仓盖两部分组成，器盖为仿四角攒尖顶，屋顶塑有人、猴、鸡造型。猴蹲坐在器盖中间，两只鸡高高站立，一人倒立，似一组杂耍组合。仓口有三立柱以承仓盖。仓檐较高，有两层瓦垄，仓圆筒状腹，平底，下附三兽足，一足残。通体施黄褐色釉。仓腹部用剔底留白的手法形成图案，一架梯子从仓底通向仓门，一只朱雀飞奔向梯子，纹饰生动，构思巧妙。

238 灰陶耳杯

东汉

1972年征集

长14厘米，宽12厘米，

高5厘米

宝鸡市陈仓区博物馆藏

泥质灰陶。椭圆形，浅腹，平底，附双耳。耳杯是一种小型的饮酒器具，亦称羽觞。有的带耳，有的不带耳。南方秦汉时期的耳杯多为漆制，北方的多为陶制，器形雷同。

239 绿釉红陶楼

东汉
1960年渭南市潼关人民公社（今渭南市潼关县）
吊桥乡出土
宽39厘米，通高119厘米
陕西历史博物馆藏

泥质红陶，外施釉。陶楼为三层楼阁式建筑，庑殿式顶，正脊中央立有对鸟。底层四角斜出的挑梁支撑龙首形横梁和斗栱，四面不出檐，两壁有浅浮雕长方形菱纹格窗，窗下为半掩状门。二、三两层设围栏，四角均斜出45° 挑梁，檐四角均有柿叶形装饰。第二层门下立一人昂首眺望。屋顶做出瓦垄和瓦当，一、二层两侧山墙均有“人”字形通气孔。陶楼各层分开制作后叠加组合，从上至下逐步变大。整体建筑设计新颖，造型细腻，外观宏伟，展现了东汉建筑艺术的风貌。

240 红陶双阙

汉代

兴平市茂陵第六化工设计院出土

纵长7.1厘米，横宽3.5厘米，高18.5厘米

茂陵博物馆藏

泥质红陶。顶部如屋顶，屋檐下是仿木构梁枋柱架，阙身空心，四周素面。阙是秦汉时期达官贵族门前代表身份等级的重要标识物。阙按照等级可分为重檐三出阙、单檐三出阙、重檐两出阙、单檐两出阙等。汉阳陵曾经考古发掘过南门的三出阙遗址，此外，现存最早阙的实物有山东武梁祠。

241 绿釉胡人烛台

东汉
1991年征集
通高28厘米
陕西历史博物馆藏

泥质红陶。该灯台为一胡人下蹲形象，头顶一烛台。胡人浓眉大眼，高鼻，口微张，嘴角上扬，微笑状。通体施绿釉。烛台上有弦纹。绿釉较黄釉出现晚，但二者基本都在西汉中晚期之后出现。人形烛台在汉代出现较多，但形状各异。

242 绿釉灰陶孔雀灯

东汉
1985年渭南地区（今渭南市）
韩城市财税局基建工地出土
通高126厘米
韩城市博物馆藏

泥质灰陶。孔雀灯由底座、树干、孔雀装饰三部分组成，底座圈足为喇叭形，上贴塑三角树纹、波浪纹和一圈若干个人。树干第一层灯盘上饰七个简化的动物纹装饰；第二层底座上小下大，犹如罐形，其上灯盘上饰三个简易动物围绕着开屏的孔雀。这类绿釉陶出现在西汉晚期，流行于东汉时期，是庄园地主随葬使用的主要明器之一。

243 彩绘朱雀红陶灯

东汉

1998年宝鸡市扶风县官务村出土

通高105厘米

宝鸡周原博物馆藏

泥质红陶。陶灯分上下四层灯盘和底座，每一层灯盘都为圆口，方唇，浅盘；四层灯盘从上至下，依次渐大，装饰也渐繁缛、丰富。第二、三、四层灯盘上有浮雕的小灯盘，底座贴塑骑马、吹箫等图像的人物造型，假高圈足。个别地方有彩绘的痕迹。汉代流行的多枝灯，灯盏错落安置，点亮后灯火交相辉映，有如花树，豪华气派。

244 绿釉红陶磨房

东汉
发掘出土
宽20.5厘米，高18厘米
陕西历史博物馆藏

泥质红陶，通体釉剥落严重。方形屋，三面有墙壁，悬山顶，屋面塑出瓦垄。房内置磨、碓各一件。粮食去壳最早用木杵地臼，费力且效率低，西汉发明碓，用足踏杠杆，效率得到提高。用石磨加工粮食始于秦代，西汉时期得到广泛推广。

245 黄釉红陶磨

汉代
1959年渭南县潼关人民公社（今渭南市潼关县）吊桥乡出土
直径21.5厘米，高16厘米
陕西历史博物馆藏

泥质红陶。磨上扇中部有两个磨眼，谷物从孔中流入磨齿间，上扇石磨边上有榫眼，表面有较密的麻点纹，兽形柄，下扇与磨盘相连。上饰两道阴弦纹，磨盘下有兽足，整器外施黄釉。汉代石磨有磨粉和磨浆两种，此种干磨与近代石磨形制相仿。

246 灰陶灶

汉代

1998年延安市志丹县人民法院移交

长31.5厘米，宽31厘米，通高26厘米

志丹县文物管理所藏

泥质灰陶。陶灶为马蹄形，前方后圆，分为兽首形烟囱、灶体和釜甑三部分，两个灶眼。陶灶从汉代开始是墓葬中的重要陪葬品，其和动物俑、陶罐等都是常出的陪葬品。

247 黄釉红陶灶

汉代

1995年延安地区（今延安市）甘泉县城内出土

长25.5厘米，宽21.5厘米，通高23.2厘米

甘泉县博物馆藏

泥质红陶。陶灶呈马蹄形，直壁，长方形火门。灶面并列设两火膛，各置一釜，两釜之间置一耳杯和一瓶，烟囱呈龙首形。灶面上饰宽带纹，下饰菱形纹，用白彩装饰火门边沿，内刻交错网纹。

248 灰陶灶

东汉

2001年采集

长19厘米，宽17厘米，通高7.5厘米

白水县文物管理委员会藏

泥质灰陶。陶灶为马蹄形，前方后圆，有一前一后两个灶眼，各有一釜，灶台上模印鱼等食材和厨具的纹饰。灶头门两侧模印菱格纹，没有烟囱。

249 绿釉红陶井

东汉

1972年汉中地区（今汉中市）勉县长林杨寨出土

宽32厘米，底径17.8厘米，通高62.8厘米

勉县博物馆藏

泥质红陶。水井由圆形井、井亭和陶楼三部分构成。陶井上饰两道弦纹，模拟井的形状，井沿上由两凤鸟和两兽构成，两凤姿态高雅，栩栩如生；在井台上放置两个打水的灰陶罐。攒尖顶井房有两个斜柱支撑，结尖处略近长方形。西汉晚期的陶井较矮，东汉出现了带井架、井房的陶井，结构复杂，装饰繁缛。

250 红陶井

汉代

西安市长安区石佛寺王登峰送交

井圈腹围47厘米，通高35厘米

陕西历史博物馆藏

泥质红陶。水井由圆形井、井亭构成。陶井上饰两道弦纹，模拟井的形状，井亭由两个斜柱和四阿式顶组成，井栏为“井”字形，四边各出两头；井沿较宽，井口为方形，井架上用麻绳吊一水罐，罐束颈，肩部饰多道弦纹。通体施绿釉。

251 绿釉红陶羊圈

东汉
西安市郊区出土
长19.6厘米，宽19.6厘米，
高10厘米
陕西历史博物馆藏

泥质红陶。器为方形，前半部用矮墙围起，后半部为带悬山顶的羊舍，饲养者正在给羊群喂食，生活气息浓厚。陶羊圈从汉代开始是墓葬的重要陪葬品，和各类动物、陶罐等一起，都是常出的陪葬品。东汉盛行厚葬，殉葬品力求再现现实生活场景，除饮食器皿外，还有大量楼阁、仓房、灶台、猪、羊圈等，营造出生前生活环境供逝者继续享受。

252 红陶猪圈

东汉
考古发掘出土
长24厘米，宽24厘米，
通高19.5厘米
陕西历史博物馆藏

泥质红陶。分为猪圈和带楼梯的厕所两部分，猪圈为椭圆形，栏里有一只肥猪。猪圈一侧建一间方形厕所，歇山顶，屋檐出墙外。猪圈外有楼梯拾级而上通向厕门，粪坑与猪圈相连。陶猪圈是汉代的重要陪葬品，体现了东汉时期庄园经济的发展和“事死如事生”的观念。

253 绿釉红陶厕

东汉

1980年汉中地区（今汉中市汉台区）七里乡秀丰村出土

长22.5厘米，宽15.5厘米，高40厘米

汉中市博物馆藏

泥质红陶。方形厕所模型制作成干栏式的仿木结构，屋顶为悬山式。屋檐下墙体各开一圆孔，山墙一侧开有两个长方形门，两门之间有墙相隔。地面各开一个通往地下的长方形孔。通体施绿釉。陶厕四角下接四个柱足。从西汉开始，“事死如事生”的观念风行，所以有大量生活用器模型陪葬于墓中。

254 红陶陂池

东汉

1965年汉中市金华乡出土

长60厘米，宽36厘米，高9厘米

汉中市博物馆藏

泥质红陶。由方形陂池和各类动物造型构成。陂池被隔墙分隔成两部分，一部分是方格式农田，另一部分是模糊的动物造型，依稀可辨是龟、鱼等水生动物。

255 红陶陂池

东汉

1983年征集

长46厘米，宽32.5厘米，高7.8厘米

汉中市博物馆藏

泥质红陶。由方形水池和各类动物造型构成，动物模型有青蛙、乌龟和鱼等，展现了东汉的庄园经济。东汉时期，形成了一批有军功又富有土地的大家族，他们聚族而住，享受生活的富裕，深受“事死如事生”观念的影响，故而有了把现实中的一切都带走的想法，因此使用大量的生活用具模型用于陪葬。

256 红陶水田

东汉

1978年汉中地区（今汉中市）勉县老道寺出土

长30.1厘米，宽22.5厘米，高3.3厘米，深1.8厘米

勉县博物馆藏

泥质红陶。直壁，平底，中间有一条田埂将水田分为左右两块。田埂正中一边开有一个直径1厘米的放水孔，左右两块田面上均刻有不规则的横向阴线。田面中放置有小型红陶水生动植物，分别有荷花、荷叶、莲子、菱角、浮萍、鳖、鱼等。此模型的出土将中国稻田养鱼的时间提前至东汉中期。

257 红陶摇钱树座

东汉

1972年采集

底径30.5厘米，高39厘米

勉县博物馆藏

泥质红陶。摇钱树器座呈博山形，顶端有孔，座下壁有对称的四个圆孔，座上塑重峦叠嶂的山峰、树木、熊以及飞鸟等形象。摇钱树一般由底座、树干和枝叶装饰三部分组成，此件树体已损坏，但可以辨认出底座的纹饰为模拟的蓬莱仙山。摇钱树是东汉时期以成都平原为中心的西南地区流行的一种陪葬用品，其上装饰着大量的方孔圆钱，象征着财富。摇钱树出现于东汉早期，西晋时彻底消失。

258 灰陶编钟

西汉
1952年出土
通高16厘米，铣口径11厘米×9厘米
陕西历史博物馆藏

泥质灰陶，通体涂为白色。器形仿铜纽钟，两铣下垂，钲部左右各有三排乳钉，每排三枚。钲、篆、鼓部饰米格形细线纹。该编钟只做明器使用，没有使用价值。陶编钟是礼仪用器，其出现时代较晚，这也显示了丧葬礼俗的延续性问题，之前陪葬礼乐器物的上层制度在汉代则下降到民间使用，说明礼仪制度已经成为一种礼乐风俗了。

259 灰陶围棋盘

西汉
2000年西安市汉阳陵出土
长28.5厘米，宽19.8厘米，高3.8厘米
汉景帝阳陵博物院藏

泥质灰陶。汉代娱乐器物之一，在汉代广泛流行。围棋盘为长方形，棋盘上纵横交错，但力道和方向都不规整，显然是手工制作。咸阳甲六号西汉墓地也曾出土铁足石棋局，面上用黑线画出方罫，纵横各15道，至东汉纵横各17道，至隋已发展至19道，其格式与现代棋盘基本相同。

260 灰陶棺

汉代

旧藏

长81厘米，宽32厘米，高21厘米，厚3厘米

大荔县文物旅游局藏

泥质灰陶。陶棺为长方形，仿木棺建造，棺正面有庭院、花卉、大雁等图案。棺具是丧葬礼仪的必备品，陶棺出现时间较晚，各地出现时间均在两汉之间，在关中地区及其附近区域均有出土。西汉晚期至东汉时期均有这类庭院宴乐图陶棺的出土。

唐—清

唐代，三彩陶器达至巅峰，黄、绿、白、赭、蓝釉交织流动，陶器类型涵盖各种生活用器，釉色从单彩演变到多彩。唐代陶器兼具实用与艺术价值，其形制、纹饰与工艺映射出开放包容的时代精神。唐以后的三彩余韵有金三彩，以碗、盘、枕等器物为主，色彩远逊于唐三彩。

261 绿釉碗

唐代

1960年咸阳专区（今咸阳市）乾县永泰公主墓出土

口径13.8厘米，高8.2厘米

陕西历史博物馆藏

轮制，敞口，矮圈足，腹壁较直，折腹。内外壁均施绿釉，外壁以突棱为界分为上下两层，这种折腹碗在金银器、瓷器中均有出土，是唐代特有的一种形制的碗。三彩器，以往学者认为是明器，但隋唐洛阳城址内发掘出土了大量以生活器具为主的三彩器，可知唐人也将部分生活中使用的实用器随葬于墓中，并非全部都是明器。三彩器也广泛应用于唐人的生活之中，在其现实生活使用的各类陶瓷器皿中占有一定的比例。

262 三彩盘

唐代
1972年咸阳地区（今咸阳市）礼泉县越王李贞墓出土
口径28.2厘米，高3.5厘米
昭陵博物馆藏

敞口，卷沿，浅腹，平底，白胎，施乳白色釉。盘内饰有六条不对称粗条纹，自中心向外呈放射状，如伸开触角的海星。粗条纹施黄釉，草绿色釉描边。此盘设计简洁，构图独特。

263 三彩三足盘

唐代
1985年西安市临潼县（今临潼区）庆山寺塔基地宫出土
口径24厘米，高4.5厘米
临潼博物馆藏

圆形，宽平沿，方唇，平沿起边棱，三矮蹄足。盘口沿施绿釉，中心饰宝相花纹和赭石色鹧鸪斑纹，羽状叶片两两相对，构成六个桃形宝相花瓣，施绿釉。花蕊中心施绿釉，花蕊施黄釉，周围六个圆形。桃形间有三联珠相连，施绿釉。

264 三彩双联盘

唐代

1973年渭南地区（今渭南市）富平县李凤墓出土

长36厘米，高5.8厘米

陕西历史博物馆藏

盘呈椭圆形，束腰，浅腹，敛口，平底，下有四个马蹄形足。胎厚重，器身施淡黄色底釉，内壁及外壁上部相间施绿、赭两色环状花纹，纹饰较规整。此盘造型别致，釉无明显的熔融与流淌效果，色泽艳丽。李凤墓是目前发现随葬唐三彩较早的一座墓葬，所出三彩器为研究早期唐三彩的烧造技术提供了实物资料。

265 三彩龙首角形杯

唐代

1982年征集

口径5.5～7厘米，高8 厘米

陕西历史博物馆藏

此杯造型颇似横置的牛角，杯口为椭圆形，另一端饰龙首，龙曲颈回首，口吐花枝搭于杯沿形成环柄。形制与何家村玛瑙兽首杯相似，孙机先生认为它源于西方。此种杯于公元前1500年出现，传入希腊后，下部增加兽形装饰，并称“来通”，用于盛神酒，被视为圣物，自美索不达米亚至阿姆河地域，传到亚洲流行，并进入中国。三彩龙首杯造型又吸收了中国传统饮酒杯——角杯的形制，下端装饰龙首，是唐代中西文化交流的见证。从装饰效果看，又与波斯萨珊朝金银器的外形相似。通体施绿、黄、白等多种釉色，活泼而富有生气。此器是中外文化交流的产物，为三彩器中的珍品。

266 三彩象首杯

唐代

1957年西安市南郊唐墓出土

高6.9厘米

陕西历史博物馆藏

为象首形，杯口两端尖，中间圆，似船形。通体饰浮雕花草纹。象眼圆睁，象鼻上卷搭于口沿下，构成环形杯柄。象头上的鳖头形象逼真。内壁施浅赭、黄、绿、白等釉色，色泽鲜艳。外壁以深绿色釉为主，间有少量赭色釉。此器受波斯萨珊朝金银器工艺的影响，装饰斑斓绚丽，表现出强烈的艺术效果。

267 三彩鸂鶒酒卮

唐代
1955年西安市韩森寨唐墓出土
高6.7厘米
陕西历史博物馆藏

卮为我国古代的一种饮酒器。呈椭圆形，为鸂鶒浮游状，圆眼，扁喙，冠毛后曲，双翼舒张，神态真切可爱。胎质白色，内外壁均施黄绿相间的釉，鸂鶒的面部施黄褐色釉，头顶及双翅为蓝色。器体小巧称手，釉色斑斓鲜丽，是一件不可多得的艺术品。鸂鶒是一种水鸟，形如鸳鸯，浮游时雄在左，雌在右，其毛有五色，尾有毛如船舵。唐三彩中的一些器皿做成动物造型，既有实用价值又有欣赏价值。

268 三彩唾盂

唐代
1955年西安市王家坟唐墓出土
高11.6厘米
陕西历史博物馆藏

盘口，束颈，溜肩，鼓腹，平底，施黄、绿、赭三色彩釉。唾盂又称渣斗，是古代的洁具，分大口和小口两种形制，小口盛放小骨头或鱼刺。此件唾盂釉彩绚丽，它利用铅釉易于流动的特点，造成淋漓变化的艺术效果，赭、黄、绿三色釉面互相浸润，更是参差错杂，缭绕变幻，形成斑驳离奇的独特装饰效果和堂皇富丽的艺术特色。

269 三彩盂

唐代
1980年移交
口径3.4厘米，高6.6厘米
耀州窑博物馆藏

口沿外卷，鼓肩圆腹，圜底，三兽足外撇。整器圆鼓丰满，施绿釉，间有白色彩釉，器底不施釉，露胎，釉面光润，小巧可爱。唐三彩明器的烧成温度为700～800℃，胎骨粗松，胎较薄，一般不超过1厘米。实用器皿的烧成温度则为900～1050℃，胎质坚硬致密。

270 三彩洗

唐代

1978年李焕代捐赠

口径25.8厘米，高6.3厘米

三原县博物馆藏

直口，浅腹，壁较直，平底。器为轮制，胎较白，厚重。口沿外刻划一周阴线弦纹，口沿及外壁上部施浅赭色釉，外壁下半部及底部露胎。内壁施蓝色釉，釉上饰有稠密的白色斑点。内底施浅赭色底釉，中部用阴线刻宝相花，每一花瓣由外至内分四层着色，第一、四层为蓝色，第二层为白色，第三层为赭色。花瓣内以阴线刻双环，环为赭色，环内为八个白色圆点。该器纹饰繁缛，釉色互不熔融，图案规整。

271 赭釉瓶

唐代

1971年咸阳地区（今咸阳市）乾县章怀太子墓出土

腹径11.5厘米，高27厘米

乾陵博物馆藏

泥质红胎，轮制而成。喇叭口，平沿，细长颈，鼓腹，喇叭形圈足，表面通体施赭釉，腹下部有黑斑。颈上饰两道直棱纹，肩部饰两周双弦纹。此器制作精细，釉色晶莹。瓶属贮酒水器皿，此器用于陪葬。

272 绿釉双螭瓶

唐代
1971年咸阳地区（今咸阳市）乾县章怀太子墓出土
高50厘米
乾陵博物馆藏

杯形口，颈细长，圆肩，鼓腹，假圈足。口与肩部有对称的细柄，柄为相对的二螭，螭首深入瓶内作饮水状。螭首雕工精细，眉须清晰，双角上翘，栩栩如生。通体施浓淡相间的翠绿色釉，整器显得清新活泼，给人以赏心悦目之感。它既是一件实用之物，又是一件观赏价值极高的精美艺术品。

273 三彩净瓶

唐代

1957年西安市三桥镇出土

底径7.5厘米，高24厘米

陕西历史博物馆藏

这件三彩净瓶上部有直立的细长管颈，颈部有凸起的圆盘状沿；溜肩，肩以下渐收敛，腹部丰满呈椭圆状，假圈足。肩部一侧设置一上翘的酒杯状短流。器表施黄、绿、褐、白色等釉，釉不及底。釉色相互熔融，斑驳淋漓。此器系轮制成型，透过釉层和露胎处明显可见旋胎痕迹。唐代宗教活动盛行，因而出现不少陶瓷质的宗教用器，造型各异、新颖别致，净瓶是其中之一。在“梵语”中称净瓶为“军持”，系佛教专用器皿。

274 三彩葫芦瓶

唐代
考古发掘出土
口径2厘米，高10.5厘米
陕西历史博物馆藏

仿生活中的葫芦制成。小直口，由上小下大的两个圆球组成，中间束腰，平底。通体施黄釉，釉不及底。这种葫芦瓶在铜川市耀州区药王山出土很多，有可能是装药的小药瓶。

275 三彩荷叶口执壶

唐代
1955年西安市长乐坡出土
高16.5厘米
陕西历史博物馆藏

荷叶形口，短颈，圆鼓腹，壶体饱满，圈足，绳索状鋬手。器身肩、腹部刻划数道弦纹，口、肩、上腹部施釉，下腹、圈足露胎。赭、红、黄几种色釉层叠相间，深浅交错，色彩鲜艳。三彩荷叶口执壶丰满、雍容的风采，具有鲜明的唐代器物特征。小嘴、短颈与丰硕的腹部，在体量上形成鲜明的对比，使器物具有完整、饱满的造型。

276 三彩凤首壶

唐代

1964年西安市未央区蔺家村南出土

腹径12.5厘米，高34厘米

西安博物院藏

小口，细长颈，扁圆腹，腹下缓收，喇叭形高足，壶顶部呈凤首形，凤冠加长构成如意形执柄。凤目圆睁，注视前方，凤嘴前伸内勾，口衔宝珠，珠上有孔为流。腹部分别饰浮雕的忍冬纹和海石榴。一侧为骑马狩猎纹，另一侧则为凤鸟展翅站立在花草之上的浮雕形象，蓝釉和酱黄釉互相浸润，形成了浓艳绚丽的效果。此器为盛唐时期同类造型中的精品，器形既吸收了西亚波斯萨珊朝及中亚粟特金银器的特色，又糅合了中国的传统风格，是中西文化交融的产物。

277 三彩凤首壶

唐代

1959年征集

口径4厘米，底径9.5厘米，高31.7厘米

陕西历史博物馆藏

整体呈扁圆状，鼓腹小口，平口沿外修，分为四瓣口，凤头双目圆睁，口含宝珠，中部有一导流小孔，凤冠在口沿作自然飘拂状。壶腹对称，两开光图案相同，中部为聚集在一起的四瓣宝相花图案，外圈为倒置的桃形边框，边框上有互相对称的四朵缠枝宝相花苞。高圈足部分为双层莲花瓣图案，壶柄为如意形。壶通体均浮雕花纹，颜色以黄、绿、赭色釉为主。

278 三彩双鱼壶

唐代

1992年西安市长安县（今长安区）南里王村唐墓出土

高25厘米

陕西省考古研究院藏

器身呈束腰椭圆形，壶体为双鱼连体状。双鱼口吐浪花托起壶口，上唇外翻形成双系，鱼尾下垂形成壶底。鱼目圆睁，两腮相连，鱼脊外突，鱼身有鳞。通体施黄、绿、蓝三色釉，相互浸润，清淡优雅。南里王村唐墓同时出土两件三彩双鱼壶，在古代，鱼代表吉祥，以双鱼为造型制成的陶壶，构思独特，制作巧妙，极具动态感，反映了唐代高雅的审美情趣。1996年于洛阳电话设备厂发掘唐墓C5M1045，出土一件三彩驯狮壶，形制与双鱼壶相似。

279 三彩堆花双耳扁壶

唐代

1972年西安市长安县（今长安区）魏寨公社（今魏寨街道）出土

高17.3厘米

陕西历史博物馆藏

整体呈扁圆状，直口，长颈，鼓腹，肩部两侧各饰一环状系，喇叭足。颈部贴塑两周浮雕莲瓣纹，施黄釉。腹部开光呈心形边框，边框上贴塑一周八个等距的杏叶纹，中间贴塑一朵浮雕宝相花。腹身两面花纹相同，施黄、绿色釉。

280 白釉皮囊形壶

唐代

1956年西安市北郊白家口出土

口径2.4厘米，高16厘米

陕西历史博物馆藏

壶体上窄下宽呈宽扁圆形。上置半环形提梁，提梁前端置直流口，后端置一上翘的尾。壶体两侧刻划三角纹，三角内刻花卉纹，壶底侧有三条模拟皮革缝合线的凸棱，通体白釉。该器为典型的仿皮囊壶制品，皮囊壶多存酒水，是北方草原游牧民族使用的物件，便于马上携带。仿品制作精美，惟妙惟肖，是不可多得的珍贵文物。

281 三彩四系注子

唐代

1991年西安市韩森寨黄河机械厂出土

口径5.4厘米，高8.5厘米

西安博物院藏

胎土白，较坚硬。敞口，卷沿，短颈，溜肩，鼓腹，最大腹径在腹中部。肩上有捏塑的桥形四系，系间有三处堆塑的印花，一处设直口短流，圈足，通体施绿、褐、黄、白釉色相间的不规则纹，施釉不及底，有流釉现象。釉色相互熔融，更显莹润，光鲜亮丽。器形整体饱满厚重，属盛唐时期遗物。

282 三彩罐

唐代

2006年移交

口径11.6厘米，底径10.3厘米，通高28.6厘米

耀州窑博物馆藏

口微撇，短颈，丰肩，肩下渐收至底，平底；盖出边，宝珠纽，直口，盖与罐口不吻合，略小于罐口。罐口施绿色和赭色釉，罐身施满釉。唐三彩一般是随葬所用的明器，但根据考古发掘资料和大量传世文献分析，用于人们生活中的实用器物或装饰器物亦不少，其中属于贮盛器具形体较大的有尊、罐、瓶、壶等，形体较小的有盘、杯、钵等，用于卧房书斋的器物有粉盒、砚台、唾盂、洗等。

283 褐釉高足弦纹盖罐

唐代
1986年征集，传出土于铜川市
黄堡镇下马村唐墓
口径13厘米，通高23.8厘米
耀州窑博物馆藏

罐盖隆起，宝珠纽，子口；罐敛口，母口，丰肩，鼓腹，圜底，喇叭形高圈足与器腹等宽。圈足上刻六道凸弦纹。器外施褐釉，盖内、罐内及足内露胎，胎色土黄，质较细腻。

284 三彩三足盖罐

唐代

1955年西安市西郊土门95号墓出土

口径15厘米，通高21厘米

陕西历史博物馆藏

圆形盖，盖背隆起，盖上有宝珠形纽；罐大口，圆唇，短颈，丰肩，鼓腹，圜底，腹下部有三个外撇蹄足。罐口沿施赭色釉，罐盖及腹壁皆以绿赭色釉点描出错落有致的斑纹，如染织纹样，别致而绚丽。三足罐造型模仿唐代金银器，以三彩数量较多，此外还有白釉、黑釉、蓝釉等品种。

285 点蓝彩盖罐

唐代

旧藏

底径10.7厘米，通高23.4厘米

西安市高陵区文物管理所藏

罐盖隆起，平折沿，直口，盖与罐口不吻合，略小于罐口，罐口微撇，短颈，丰肩，肩下渐收至底，平底，圈足。通体施白色底釉，口沿及盖施蓝色斑点，肩、腹部施蓝色条带花纹，蓝釉有下垂的痕迹，罐身施釉不及底。此件三彩盖罐是唐三彩的代表作，釉彩鲜明亮丽，尤其是此罐器形完整，色泽绚丽莹润、斑驳自然，造型美观，生动华丽，更为难得，富有强烈的时代气息。

286 绞釉罐

唐代
1992年征集，据传出土于榆林
市清涧县刘家河村
口径4.5厘米，高9.7厘米
陕西历史博物馆藏

侈口，圆唇，短颈，广肩，鼓腹，下部收束为小平底，最大径在上腹部。罐口施黄釉，器身为黑、褐色绞釉，显示木器纹理。绞釉产生于唐代，为特种工艺，两种釉色巧妙组合、交互融合，构成独特的装饰效果。

287 三彩四系罐

唐代

1991年捐赠

口径8.5厘米，高22.5厘米

陕西历史博物馆藏

直口，口沿内削，短颈微外撇，颈部与肩部有四个“S”形小系，等距离排列，丰肩，鼓腹，腹下斜收，饼形底足较小。器形丰满端庄，模制成型的四系是唐三彩罐的一个主要特征。

288 三彩罐

唐代

1956年西安市三桥镇唐墓出土

口径11厘米，高32厘米

陕西历史博物馆藏

敞口，口沿外卷，短颈，丰肩，鼓腹，腹下内收，平底。肩、腹部装饰两道弦纹。通体施赭、绿、白等釉，近底处露胎。釉色互相晕散、浸润，胎土白。釉色斑斓，五彩缤纷。在出土的三彩器物中，三彩罐最能体现三彩的釉色特点，最斑驳淋漓。从考古发掘得知，距西安不远的铜川黄堡窑、西安醴泉坊窑都发现了当时烧制三彩器的窑址。

289 三彩短流罐

唐代
1989年发掘出土
口径8厘米，底径3.6厘米，高6.4厘米
陕西省考古研究院藏

此器形体较小，小口，卷沿外翻，圆唇，溜肩，肩部有一直口短粗流，鼓腹，平底假圈足。器身上部施半釉，为绿、黄、白三色釉，下部露白胎。整器造型端正，线条干净利落，具有清逸明朗的艺术效果。

290 绞胎贴面水盂

唐代
1956年西安市东郊郭家滩国棉六厂出土
口径4厘米，高5厘米
陕西历史博物馆藏

扁圆形，小口，卷沿，圆肩，鼓腹，小平底，下接三个矮兽足。胎质坚硬细密，外壁呈现深浅不同的褐色木纹，纹路自然、清晰。根据内外壁不同颜色看，该器应为绞胎贴面。器表颇具树木年轮和行云流水的艺术效果。其纹饰任意盘旋，浓淡深浅分明，富有变化，比人工绘制出来的纹饰更加自然和谐，是一件不可多得的精品。

291 三彩粉盒

唐代

西安市王家坟唐墓出土

口径8.9厘米，通高6.6厘米

陕西历史博物馆藏

子母口，腹较深。盖上剔刻鸿雁、莲瓣、流云纹，施赭绿色釉，盒身施绿色釉，釉色颇为典雅。三彩盒的造型以古朴典雅、庄重丰满为特色。三彩盒施釉时采用刷釉的方法，在焙烧时，熔融的釉由上向下流动，所以釉层厚薄不匀，釉色有深有浅，上部较浅，下部较深，由于埋藏时间久远，釉面有一层银光，玻璃质较弱，不太亮。

292 三彩粉盒

唐代
1956年西安市韩森寨唐墓出土
口径9.8厘米，通高6.7厘米
陕西历史博物馆藏

器呈扁圆状，分盒身和盒盖两部分，为子母口，盒盖面微隆，直口腹较深；盒身为母口，其盖上剔刻宝相花和流云纹为装饰，施赭、绿色釉，盒身施绿色釉。粉盒是唐代常见器形之一，不少窑口都有烧造，其品种包括三彩、绞胎、青釉、白釉、黄釉等。

293 绞胎粉盒

唐代
1985年西安市陕西钢厂出土
口径5.5厘米，高3.8厘米
陕西历史博物馆藏

圆形，盒面及底部隆起，子母口扣合，为绞胎，用白、棕两色胎土绞糅而成。通体饰水波涟漪纹样。盒盖中心贴塑一宝相花，贴花无绞胎。此盒造型精巧，色彩雅致，具有很高的艺术价值。所谓绞胎，是利用两种不同颜色的胎泥（主要是白、黑或白、褐、黄）像拧麻花一样糅合在一起制成新的泥料，直接拉坯成型，或切成片状作镶嵌使用。使器胎上呈现出不同色调相间的自然纹理。

294 三彩熨斗

唐代

1960年咸阳专区（今咸阳市）乾县懿德太子墓出土

长17.3厘米，宽9.5厘米，高3厘米

乾陵博物馆藏

三彩熨斗，乾陵陪葬墓之一的懿德太子墓出土，共计三件。该熨斗头部呈圆盘形，侈口，宽折沿内斜，壁斜直，平底，壁上一侧有长直柄。该熨斗通体施月白色底釉，上点以绿斑，并夹杂赭釉色。轮制，捏塑。此器制作精细，造型逼真，釉色鲜亮，且出土于有明确纪年，十分珍贵。

295 三彩钱柜

唐代

1955年西安市王家坟90号唐墓出土

长15.5厘米，宽12.1厘米，高13.3厘米

陕西历史博物馆藏

钱柜整体扁长，属卧式柜。顶面一侧有一小盖，启闭自如，柜面正中贴塑一朵八瓣宝相花，施蓝釉和黄釉；两侧各贴塑四朵小宝相花，施蓝釉。柜前盖下方贴塑锁孔和铺首，各面均施蓝色与褐色相间的釉色。四条柜腿呈转角形，粗壮厚重，其上皆饰有圆形浮雕图案。此钱柜外观华丽大气，制作精细，是唐墓中较少出现的随葬品，为研究中国古代家具提供了实物资料。

296 三彩“丙子年”款陶仓

唐代

1958年旧藏

宽15厘米，高32厘米

汉中市博物馆藏

屋顶为两面坡式的歇山顶，正脊上有一对鸱吻，前后檐各有筒瓦十六垄，椽头装圆形瓦当，两垂脊做成兽头的形式。四面墙上有等距离的五道弦纹将每面墙等分成六块，两面墙上有刻字，一面刻“大命富贵，金玉满堂，万古千秋，千秋万古”，另一面刻“丙子年月日东仓西库”。仓顶及墙的边柱施黄釉，墙面施绿釉。

297 三彩莲瓣纹器座

唐代

1991年铜川市黄堡镇唐代作坊遗址出土

高26厘米

耀州窑博物馆藏

器座由两部分组成。平面呈五边形，中空为筒状。器座上部为覆盆状，四周有层叠莲瓣外翻上卷，花瓣饱满，疏密有致。下部环以五个圆柱、五个壶门，形似壁龛，内堆塑五兽首。神兽面目狰狞，形态威严，取辟除邪祟之意。

298 三彩宝相花纹枕

唐代

2000年征集

长11.5厘米，宽9.5厘米，高4.5厘米

陕西历史博物馆藏

长方体，上下两面模印宝相花纹，用深褐色釉勾勒出花纹轮廓，再以黄、绿、白釉填涂花瓣、花蕊、花叶。四侧模印菱形花纹，图案规整，表面施黄釉，枕是人们日常生活中使用的寝具，这种三彩小枕一般被认为是唐代的随葬用品，另一说是中医诊脉用以枕臂的脉枕。

299 三彩菱花纹枕

唐代

1956年西安市小土门出土

长11.5 厘米，宽9.5 厘米，高5厘米

陕西历史博物馆藏

长方形，六面均模印菱形花纹，图案规整，菱形花朵纹施白釉，器表面施黄釉。三彩枕时有出土，此枕体量小巧，可能是中医诊脉所用。

300 三彩犀牛枕

唐代

铜川市黄堡镇耀州窑出土

长14.2 厘米，宽11.3厘米，高10.5厘米

陕西历史博物馆藏

枕面为荷叶形，中心内凹，两端略上翘。枕下有一独角犀牛，承托在四方形平板上。枕面和犀牛背之间的承柱粗壮结实。犀牛作匍匐状，突眼大鼻，阔嘴紧抿，一对小耳，其额顶上有一只高大的独角，全身刻似鱼鳞纹，短颈。有五道折痕显示出犀牛脖颈的肌肉，神态异常生动。全身间施淡黄色、绿色釉，釉面乳浊。

301 绞胎方枕

唐代

1955年西安市韩森寨出土

长15厘米，宽10.5厘米，

高8厘米

陕西历史博物馆藏

此枕造型小巧，呈椭方形，枕面前低后高，侧面有一通气孔。枕面及枕侧面装饰数组白、褐色釉绞出的团花纹样，外罩黄釉。经与窑址采集的标本相互印证可以断定，此绞胎枕属于河南巩义窑产品。巩义窑绞釉器大体可分为两种：一种是全绞胎，即以深、浅两色胎泥相互绞合在一起再成型；另一种是贴面绞胎，即先将两种不同颜色的胎泥绞合在一起，绞出不同的纹理，再切成薄片，用胎泥将薄片粘贴到器物上。这种做法一是为了节省绞胎原料，二是便于做出各种图案花纹。

302 三彩辟雍砚

唐代
1973年咸阳地区（今咸阳市）
礼泉县烟霞乡李贞墓出土
直径7.5厘米，高3.2厘米
昭陵博物馆藏

砚为圆形，砚面高凸，砚面与外沿之间环绕一周凹槽用以盛存墨汁，砚底圈足外设一周兽足黏接圆形环托，形成镂空底座。器身施绿釉，制作精巧。辟雍本是西周天子的“学宫”，设于郊外，四周水面环绕，东汉以后，历代皆有辟雍。这种砚流行于两晋至唐宋，大多由青瓷、白瓷、陶制成，唐代有少量三彩质地。

303 三彩南瓜

唐代
1985年西安市临潼县（今临潼区）庆山寺塔基地宫出土
口径3.5厘米，高8厘米
临潼博物馆藏

八棱形，施黄褐色釉，缀施绿釉，蒂落痕迹逼真，光亮绚丽。这个南瓜出土于舍利宝帐前的一个三彩三足供盘内，说明南瓜不仅可以敬佛，而且还是上等供品。

304 素烧狮形香熏

唐代
1984年铜川市黄堡乡（今黄堡镇）耀州窑遗址出土
通高37.7厘米
耀州窑博物馆藏

炉盖圆形，为母口，顶部蹲坐一狮，侧首，立耳，瞠目，高鼻，张口，露齿，吐舌，神情凶猛。后脑及前颌刻划鬃毛，颌下长须飘动。后肢蹲坐，前肢微向前伸，狮身中空，颈部、头顶各有小孔。炉身为子口，浅腹，外腹壁贴塑五个兽面，下设五兽足支撑，通体施白色化妆土。此香熏保存较好、体量较大，为唐代耀州窑的珍贵产品。

305 彩绘陶炉灶

唐代

1972年咸阳地区（今咸阳市）礼泉县马寨村郑仁泰墓出土

长14厘米，宽12厘米，高16厘米

昭陵博物馆藏

仿现实生活中的灶台制作，为长方形台体，灶台下为空心，单锅式。一端有灶墙和火门，火门处施黑色边沿，两侧及上方用红色绘出火焰，灶台的另一端有烟囱。墓葬中多仿照炉灶形状制作明器用以陪葬。

306 白陶碓模型

唐代

1972年咸阳地区（今咸阳市）礼泉县马寨村张士贵墓出土

长23.5厘米，宽15厘米，高9厘米

昭陵博物馆藏

白胎素面，为仿实用舂米机之陶质模型。舂米的石棒安装在长木柄一端，下置石臼；木柄中间用架子支撑。机下放笸帚、瓢等舂米的必用工具。一只温顺的小犬卧在水瓢旁，极富生活情趣。陶质舂米机模型的出土，既是中国传统“事死如事生”丧葬理念的体现，也是唐代民间生活一隅的真实写照。

307 三彩塔式罐

唐代
1959年西安市中堡村唐墓出土
座底径26.8厘米，高69.5厘米
陕西历史博物馆藏

此罐体量硕大，由罐盖、罐身、莲瓣、底座四部分组成，各部分均可以分开。盖为塔刹形，上饰数道弦纹，表面呈黄褐色，宝珠纽为黄色。罐为侈口，圆肩，短颈，鼓腹，最大径位于上腹部，下腹斜收，小平底。罐的周身施蓝、黄、褐、绿诸色釉。底部与器座间有三层仰覆莲瓣。底座为喇叭形高圈足。此器采用了轮制、模制和堆贴等多种制作手法。器形华丽端庄，富有韵律感。仰覆莲瓣和象头与佛教文化紧密相关，这件三彩塔式罐反映了唐代佛教艺术的发展水平。

308 三彩四孝塔式罐

唐代

1970年咸阳地区（今咸阳市）药王洞村唐契宓明墓出土

腹径15厘米，通高50.8厘米

陕西历史博物馆藏

红胎，由罐盖、罐身和底座三部分组成。盖纽为佛塔形，周边贴塑浮雕的山川，顶尖为宝珠形。罐溜肩，上贴塑流云纹，腹中部饰一周凸棱，将其分为上下两部分。上腹捏塑山川和四组人物。第一组三人，山左侧两人，右侧一人，依山袖手而立，旁刻“董永卖身葬父”的榜题；第二组两人，左边一男，头戴幞头，盘坐抚琴，对面披风老者倚坐，其间刻“曾子抚琴悦父”；第三组两人，一男子站于山右，一老妇盘坐于山左，旁题“郭巨埋儿养母”；第四组两人，左边一男子站立，右边一老妇低首盘坐，旁题为“曾子汲水济母”。此四组人物均取材于二十四孝图，旁题文字均为阴刻。罐下腹饰四个兽面，罐底部以浮雕仰莲与底座相接。四孝塔式罐造型精美，制作精致，是唐三彩器中的精品。

309 彩绘塔式罐

唐代
1972年咸阳地区（今咸阳市）
乾县唐章怀太子墓出土
底径49厘米，通高94.5厘米
乾陵博物馆藏

泥质灰陶，轮制、贴塑成器。由盖、罐、罐座三个部分组合而成。盖为圆形，上设宝刹形纽。罐为卷沿，圆唇，短颈，溜肩，鼓腹，平底，口沿饰一周双旋纹，肩饰一周凸棱，腹部间隔贴塑两象头与两力士头像。罐座为平顶，顶周边饰一周仰莲瓣，上部呈束腰圆筒形，并饰一周覆莲瓣，下部为八棱式，八棱面上间隔贴塑四象头与四力士图案。

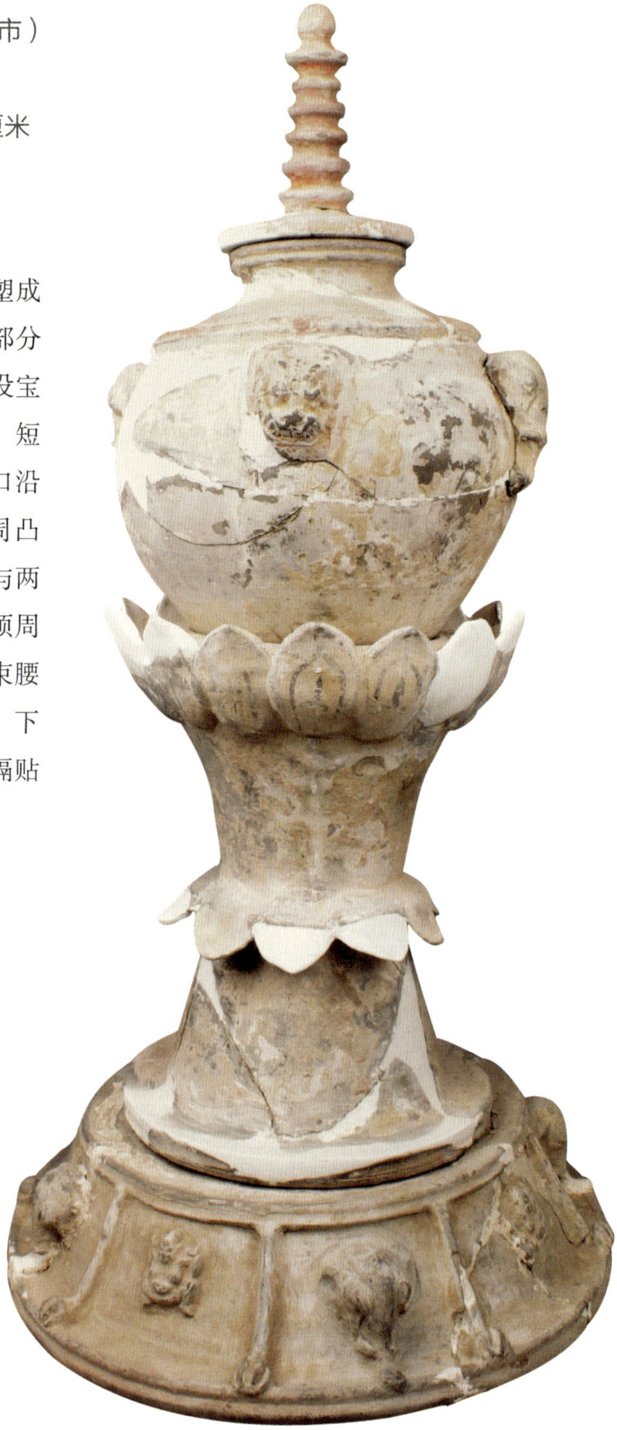

310 彩绘象座塔式罐

唐代

1966年西安市西郊西安制药厂工地出土

长32.5厘米，宽30.5厘米，通高68厘米

陕西历史博物馆藏

泥质红陶，通体彩绘。由罐盖、罐身、莲瓣、象座四部分组成，各部分相对独立，均可分合。盖呈圆形，宝刹形纽；罐身为侈口，短颈，鼓腹，下腹斜收成小平底，腹壁贴塑卷草纹构成的四组开光，内堆塑一长鼻大耳的象头图案。罐与底座之间饰三层莲瓣，一层仰莲，两层覆莲，下设带璎珞之象座。此罐高大华丽，其上纹饰带有明显的佛教文化色彩。

311 三彩建筑模型

唐代

1959年西安市中堡村出土

长135厘米，宽69厘米

陕西历史博物馆藏

这是一组长方形两进院落的建筑群模型，前堂后寝构成了它的主体建筑，东西两侧各有三间厢房对称分布，进深较浅。走进院门，是一座八角攒尖亭，两侧砌墙，装有直棂窗。小亭后是悬山式堂屋，过堂屋进入后院。院中有一座四角亭和一座假山，假山上立数只小鸟，山脚下有一池碧水，水池两边凹进作花瓣形。院子正中为歇山式后寝。整个庭院的屋顶均施绿釉，门和窗棂为朱红色。这组三彩建筑模型制作精美，雕梁画栋，是研究唐代民居的极好材料。

312 三彩建筑模型

唐代
1987年铜川市王石凹矿唐墓出土
长140厘米，宽90厘米，高25厘米
耀州窑博物馆藏

这组模型仿照中国传统四合院式建筑，共有七间房，其中一间正殿，东西两侧各有三间厢房。庭院中间为四角攒尖亭，在正殿与凉亭之间还分布有水井、磨、案、榻、人等。门外有拴着的马匹及骑马的来客。整个庭院的屋顶均施绿釉，门和窗棂为朱红色。整套模型的建筑布局及院内陈设均应是仿照死者生前住宅制作，反映了墓主在现实中的生活情景。

313 三彩建筑模型

唐代

1995年西安市长安县（今长安区）灵昭乡出土

西安博物院藏

为仿中国古代庭院式建筑，中轴线上分布有大门、厅堂、后室，东西两侧对称分布有大小、进深不同的厢房，共计九间。院落屋顶皆为悬山式。院门两侧有山墙。院内厅堂较大，两侧有山墙及后墙，前面有明柱四根，中间有一门。东西两侧居中的厢房较大，前面设有两根明柱。其余为后室和厢房，共计五间，均有山墙和后墙。屋顶有简单的瓦与脊的装饰，均施绿釉，其余部位是白色护胎釉。周边有围墙连接，构成一个相对封闭的四合院。院内站立侍从三人，皆戴幞头，头微低，表情严肃，身穿圆领袍衫，内衬半臂，腰束革带，拱手于胸前，躬身侍立。两件施绿釉，另一件施褐色釉。此外还有动物造型，其中鸭子四件，狗三件，小鸡一件，骆驼一件，猪三件，形态各异，生动逼真，具有浓郁的生活气息。

314 三彩灯

唐代

1993年发掘出土

口径11.8厘米，底径6厘米，高5.4厘米

耀州窑博物馆藏

泥质白陶。灯盏呈碗形，口沿宽平向外折翻，浅弧腹，高圈足，外壁均匀施有棕、绿、黄三种釉色，内壁、圈足露胎。在唐代以前，陶瓷器多为单色釉。唐代，多彩的釉色和纹饰在陶瓷器物上同时得到运用，这是经济发达、文化融合、中外交流的折射。

315 素烧执壶

五代
1986年铜川市城区（今王益区）
黄堡镇出土
口径8.4厘米，底径6.6厘米，
高14.2厘米
耀州窑博物馆藏

盖为宽沿起翘，抓手圆台形，顶尖残。壶体为敞口，双唇，溜肩，鼓腹，腹下斜收，小平底，外底内凹，肩侧有敞口短流，对应之另侧设条形曲柄。因表面未施釉故曰素烧。胎色土红，胎质较细。属五代耀州窑产品。

316 三彩鸡冠壶

辽代
1980年辽宁省博物馆拨交陕西省博物馆
足径7.3厘米，高29厘米
陕西历史博物馆藏

壶体为扁圆形，上薄下厚，壶体瘦长，圈足，有直管流和鸡冠状柄。器身施黄釉，釉不及底，胎色灰白，质较细。鸡冠壶是辽代的典型器物之一，还有人称其为马镫壶，因模仿契丹族使用的各种皮囊容器而制成，保留有游牧生活的痕迹。出土陶瓷马镫壶的墓葬达百余座，主要分布在东北、内蒙古、京津冀一带，出土完整器200多件。

317 三彩塔式罐

辽代

1981年延安地区（今延安市）志丹县

麻地坪村出土

最大腹径27厘米，通高86厘米

志丹县文物管理所藏

原出土两件，另一件残损。器型高大，通体略呈塔形，由盖、罐、器座三部分套装组成。盖作五层楼阁式宝塔状，深褐色如意宝珠塔刹高耸；中部圆球形器身置于仰莲之上，贴塑褐色莲花图案。底色为浅绿色，饰以水波纹；下部为底座，深褐色镂空八角形围栏。

318 三彩方盘

辽代

1959年故宫博物院拨交

宽12.7厘米，高2.3厘米

陕西历史博物馆藏

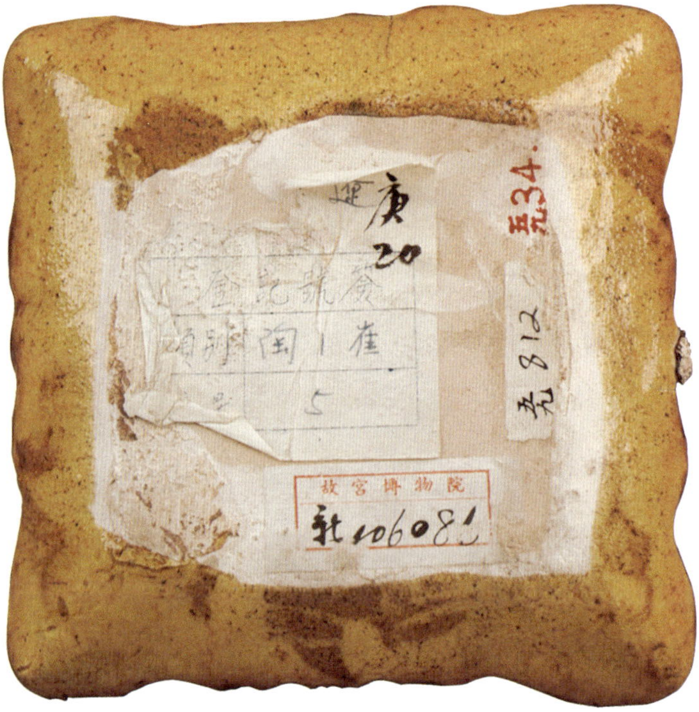

正方形花口盘，平底，盘内拍印有卷草纹，施黄、绿、白三色釉。辽代三彩是受唐三彩影响的一种低温彩色釉陶，胎质粗而较硬，呈灰黄白色或淡红色。多用黄、绿、褐三色釉，器形有方碟、海棠花式长盘、鸡冠壶、筒式瓶等都富有契丹民族的风格。

319 缠枝菊纹碗范

宋代
1991年铜川市耀县（今耀州区）拨交
直径31厘米，高9厘米
陕西历史博物馆藏

尖圆顶，斜腹微鼓，下沿外撇，平底，内腔中空呈窝状。素烧，胎色土黄，质细坚硬。顶部刻团菊花，腹部刻缠枝菊和枝叶纹，下沿饰一周弦纹。腔内有指捺刻划痕。

320 攀枝婴戏纹碗范

宋代
1991年铜川市耀县（今耀州区）拨交
直径21.5厘米，高6厘米
陕西历史博物馆藏

尖圆顶，器呈馒头形，环状平底，内腔中空，呈圆窝状，腔沿边外撇。腔内留有手指捺印痕。瓷土胎，胎色黄，胎质较粗，坚硬。范表面印四婴孩攀着一把束莲戏耍。婴孩胖圆，大头，圆脸，两臂张开握花枝荡秋千。生动活泼，富有生活气息。

321 素三彩牡丹纹枕

宋代

1991年捐赠

长25厘米，宽11.2厘米

合阳县博物馆藏

枕腰圆形，一侧面较长，另一枕侧较短，呈半圆形，有一圆形通气孔，底不施釉。枕面以两条阴刻弦纹勾勒出边框，绘折枝牡丹花一朵，黄花绿叶，花蕊也施绿釉，底衬以黑色地。枕侧面拍印有四方连续的菱形图案，枕面的边框外至枕侧面施绿彩。枕面纹饰设色以绿彩、黄彩为主，色彩素雅，体现了宋三彩的着色特点。

322 白底黑釉荷塘纹僧帽陶枕

宋代

1983年北京市文物总店调拨

长24厘米，宽19厘米，高11厘米

陕西历史博物馆藏

枕作僧帽形，枕面前倾，弧凹，出沿。枕面黑色边栏，内有“亚”字形开光，开光内绘池塘水草纹，开光外绘折枝花卉纹。枕身近底处有黑色宽栏带。胎土较白，胎质细腻。此枕边及背后有磨损，是长期使用的结果。

323 黄釉陶仓

宋代

1985年征集

口径10厘米，通高33厘米

安康博物馆藏

器有盖，盖纽作三角锥体，盖外折宽平沿；器直口圆唇，折腹，最大腹径在器中部，腹下直收，底为圆饼形足。通体用细泥条装饰，如同藤条编织的鱼篓一般。器施黄釉。

324 三彩太湖石

宋代
2001年汉中市汉台区陈家营南宋墓发掘
高34厘米
汉中市博物馆藏

太湖石，又名窟窿石、假山石，是石灰岩遭到长时间侵蚀后慢慢形成的，分有水石和干石两种，是中国古代著名的四大玩石、奇石之一，因盛产于太湖地区而古今闻名，是一种形状各异、姿态万千、玲珑剔透的观赏石头。三彩太湖石较为少见，是镇墓石发展至宋代后的一种新形式。陈家营宋墓发现的五块三彩太湖石呈黄、白、绿、黑、黄褐（应为红色）五色，即代表了五方五色，在汉中彭杲夫妇墓也出土过，据陈家营墓出土状况推断，极有可能也是镇墓石。

325 三彩鱼纹栀子花盘

金代
2007年考古发掘出土
口径17厘米，高2.5厘米
陕西省考古研究院藏

圆形，敛口，圆唇，折腹，盘内底分内外两区，外区刮釉露胎，内区中央刻划鲤鱼、水草和栀子花。鲤鱼刻划线条细腻，胡须、鱼鳞清晰可见。器口沿、腹壁、内底、水草、花梗、花叶、鱼头均施绿釉，鲤鱼身体施红釉，栀子花雪白，色彩鲜明。金代制作三彩器，一般先在胎上施白色化妆土，半湿半干时刻画花纹，入窑素烧，在烧成的素胎上施绿釉和透明釉二次低温烧成。此盘是一件纹饰简洁、线条流畅、色彩相和的佳品。

326 三彩栀子花小碗

金代

2007年考古发掘出土

口径9.7厘米，高4.7厘米

陕西省考古研究院藏

敛口，圆唇，腹下斜收，底较平，圈足外撇。其口沿内施绿釉，碗内壁上部饰两圈弦纹，碗心划刻一朵折枝栀子花，花枝较短，花朵盛开，饱满娇嫩，黄地白花绿叶，花蕊点染红褐色；外壁上半部施绿釉，下半部施白釉，色彩简单而雅致。此器应是金代磁州窑系的产品，艺人赋予了碗色彩和生命之美。

327 三彩鱼纹碗

金代

2007年考古发掘出土

口径16.2厘米，高6厘米

陕西省考古研究院藏

敛口，圆唇，腹下斜收，底较平，圈足外撇。口沿内施绿釉，碗内壁上部刻划两圈弦纹，碗心划刻水草鱼纹，鱼鳞刻划成网格纹，笔法潇洒自如。碗内壁施绿釉，鱼肚、两弦纹间施白釉，水草与鱼背施黄釉，色泽明快淡雅。

328 水波莲纹碗范

金代
铜川市黄堡镇出土
直径26.3厘米，高13厘米
陕西历史博物馆藏

馒头形，顶端突起略平，有中空内腔。胎质细腻。范壁上下两弦纹之间刻一周水波莲花纹，刀法犀利流畅，纹饰疏朗。其单个莲纹与宋代的单个莲纹相比变大，花叶舒张有力，似波浪翻卷。水波莲花纹是耀州窑瓷器图案中较为常用的装饰纹样。

329 三彩花卉纹陶枕

金代
1992年征集
高9.4厘米
陕西历史博物馆藏

枕为六边形。枕面一周在化妆土上施黄彩，并有阴勾线作为边栏，内侧以剔减手法作出开光，刻绘折枝花叶，叶片和减地部分填涂绿彩，因为叶片下面有白色化妆土的衬托，故显示出绿色，而减地部分砖红色胎和绿釉相叠，形成黑褐色，白色荷花和开光以外的白色部分则罩透明釉。枕身四面饰锦纹印花和孔雀图案，四角有凸起的加固边线。砖红色胎骨略显疏松，釉水有玻璃质感和细小开片。

330 三彩荷叶孩儿纹陶枕

金代

1992年拨交

长33厘米，宽15厘米，高16厘米

陕西历史博物馆藏

枕为六边形，前低后略高，正面呈剔地手法，阴勾双线边栏，纹饰图案为婴戏图。婴儿爬卧，回首，上身赤裸，戴项圈，身佩飘带，黄、黑、绿搭配得当，枕侧边一周排印二方连续图案纹，施黄彩。宋金三彩瓷器中以陶枕最为生动。三彩陶枕的样式很多，有腰圆形、银锭形、如意云头形等，多划出纹饰，也有少数印或贴塑纹饰后再施三彩釉者。纹饰以花卉最为常见，也有婴戏、花鸟、水禽、小兽、龟背锦等。

331 三彩虎形枕

金代

1992年征集

长21.5厘米，宽11厘米，高10厘米

陕西历史博物馆藏

虎形，屈体俯卧，背上顶一荷叶作枕面。枕面拍印规则花朵纹。枕身黄地，以波动的条状黄绿彩描绘虎皮之斑。虎眼、眉、耳、嘴、獠牙用深刀重刻。前爪合屈，收于颔下，虎尾右屈盘于腹侧。

332 三彩兽面马鞍形枕

金代

1991年征集

长16.5厘米，宽10.5厘米，高14厘米

陕西历史博物馆藏

马鞍形，通体施褐绿色釉。枕正面浮雕兽面，眉上有三道竖列“人”字形，眼球突出，眼下有三道睫毛，两颗獠牙突起，下颌部有一匝髯须，面目狰狞。与兽面纹瓦当范上的兽面如出一辙，在另三面饰折枝牡丹或蔓草纹。

333 三彩虎纹陶枕

金代

1992年拨交

长25厘米，宽11厘米，高18厘米

陕西历史博物馆藏

长腰圆形，前低后高。枕面双边栏内划刻开光，内刻划虎纹，虎躬身塌腰，两条前腿交叠，头伏于上，后腿、尾巴蜷缩于腹下，虎头正面，双眼大睁，嘴角略显笑意，憨态可掬。底填绿釉，虎施黄釉，虎背花纹点染黑彩。枕身以十字朵花锦地纹为饰。砖红色胎土，枕面有失光现象。枕边及背后有磨损，可见其曾长期使用。

334 三彩花卉纹陶枕

金代

1952年征集

高9.4厘米

陕西历史博物馆藏

腰圆形。枕面为绿釉宽边栏，中部以篦子划出半月形开光，并施以黄彩，开光内勾划牡丹纹，纹饰略显粗率。牡丹花填黄彩，叶片填涂绿彩，因为叶片下面有白色化妆土的衬托显示出绿色，黄白胎，胎体轻薄，釉水细致，施于枕腰中部，有细小开片。底部施化妆土。牡丹纹在植物类印花题材中最为常见，有“百花之王”“国色天香”的美誉。唐时人们对牡丹的喜爱已成为一种时尚，著名诗人白居易有诗云：“帝城春欲暮，喧喧车马度。共道牡丹时，相随买花去……家家习为俗，人人迷不悟。”牡丹的种类繁多，形体饱满，花冠色彩艳丽，被人们视为繁荣昌盛、美好幸福的象征。

335 涂金彩绘舍利盒

金代天德二年（1150年）

1988年西安市高陵县（今高陵区）隆昌寺遗址出土

座长17.5厘米，座宽11厘米，函通高12.5厘米，长15厘米，宽8厘米

西安市高陵区文物管理所藏

长方体，盝顶。器体五面均有开光，刻划卷草纹，笔道填黑，开光内施绿彩。边框涂金。盒内装有舍利。底部铭文：“庚午岁天德二年四月八日造功德主南行者。”

336 三彩刻划莲花纹碗

元代

西安市未央区汉城乡范家寨出土

口径17厘米，足径6厘米，高7厘米

西安博物院藏

敛口，弧壁，浅腹，内底较平坦，圈足。红胎上施化妆土，碗内口沿施一周绿釉宽带纹，内底施黄釉，刻划白色莲花纹，每瓣花尖点缀红釉，花叶施绿釉。外壁施绿釉，釉不及底。

337 荷花纹碗内范

元代至元四年（1338年）
1998年征集
直径16.8厘米，高12.2厘米
耀州窑博物馆藏

馒头形，顶部浑圆，斜弧壁，近底内收成凹棱，矮圈足。内腔中空。范顶刻两朵盛开的莲花，中间有一舒展的荷叶。荷叶上茎脉清晰，范壁边沿饰窄水波纹。内腔细线划“至元四年”，说明了范的制作年代，有明确的纪年，弥足珍贵。土黄色胎，质较细。陶范又称“模子”“花头”，系翻制印花瓷盏模具。

338 花卉纹碗范

元代

旧藏

高14厘米，直径17.5厘米

陕西历史博物馆藏

馒头形，胎色红，胎质较粗，范面刻划牡丹纹，花叶硕大。中有空腔，腔内刻有文字，字体不规整，部分文字无法辨认，当为窑工所刻，似为其文化水平不高所致。刻文为："赵明□□□干造如有人子是□不□□是□大德十年六月。"范的顶端有一圆孔。耀州窑瓷器的牡丹图案从唐代一直沿用至元代，其中以宋代形态最为丰富，有折枝、交枝、缠枝等。此碗范图案刻划刀法犀利圆润，刻入较深，可以想见印到坯体上花的纹饰凸起较高，立体感强，具有浮雕般的艺术效果。

339 陶玉壶春瓶

元代
2005年考古发掘出土
口径4厘米，底径3.6厘米，高11.9厘米
陕西省考古研究院藏

喇叭口，圆唇，细长颈，溜肩，扁鼓腹下垂，矮假圈足内凹。玉壶春瓶又称玉壶赏瓶，流行地区广，沿用时间长，宋以后历代各地窑场均有烧制。它的造型是由唐代寺院里的净水瓶演变而来的。其造型上的独特之处是颈较细，颈部中央微收束，颈部向下逐渐加宽，下腹部圆鼓，曲线变化圆缓；圈足相对较大，或内敛，或外撇。这种瓶的造型定型于宋代，历经宋、元、明、清、民国直至现代。

340 陶军持

元代
1991年考古发掘出土
通高27厘米
陕西历史博物馆藏

喇叭口，长颈，颈上部突出一圆盘形宽棱，肩部丰满，腹部椭圆形，肩腹间置有一流。又称为净瓶或水瓶，是一种佛教僧侣使用的盛水器，主要用于饮水和净手。隋唐时期传入中国，宋代以后军持的制作材料以陶瓷居多，特别是定窑出品最多。元明清时期，军持大量出口。

341 黑陶簋

元代
1950年发掘出土
口径6厘米，通高26厘米
陕西历史博物馆藏

轮制。盖为直口，方唇，母口，近顶端腹壁内收，纽为龟形。器身呈筒形，子口，口沿向内平折，方形口，筒形腹上部略粗，平底。此种形制的龟纽陶簋是用作明器的陶礼器，与之相似的有龟纽陶簠，是宋人聂崇义的《三礼图》中所绘礼器，关中地区元代墓葬大量出土，如刘黑马墓、袁贵安墓等均有出土，说明了北宋一代的复古倾向及复古实践在陕西关中地区对元代初期的丧葬观念和习俗仍具有一定的影响。

342 印纹红陶罐

元代

1980年考古发掘出土

口径10.8厘米，高8厘米

陕西历史博物馆藏

罐敦实矮胖，直口，方唇，短颈，溜肩，鼓腹，最大径较高，腹下斜收，平底，大圈足较矮。颈部饰四道凸弦纹，肩至腹部拍印波折纹，整齐规律。陶质细腻。

343 三彩罐

元代（1356年）

1990年征集

口径10.5厘米，高17.5厘米

陕西历史博物馆藏

红陶胎。直口，方唇，短颈，圆肩，鼓腹，平底。罐体以弦纹为界由上而下分为三部分：肩部刻划一圈覆莲瓣纹；腹部对称两开光将罐腹分成两区间，区间内刻划缠枝牡丹，一区间刻划缠枝莲花；下腹近底处为一周仰莲纹。颈部、肩部施绿釉，腹部黄地上牡丹花及莲花施白色釉，枝叶为绿彩，底部仰莲亦施白色釉。两开光内分别刻有“至正拾陆年十月二十一日藩院僧”和“长安县金光门孙文园宅吉”，虽文字草率，但却知此三彩器的烧制时间为元顺帝至正十六年，颇有历史价值。

344 三彩花卉枕

元代

旧藏

通长37.2厘米，最宽15厘米，高15厘米

西安市鄠邑区文物管理处藏

长方形，两侧高中部低。枕面周边划双线纹，中间划双线花瓣形开光，开光内划一朵栀子花，开光外划菱形方格，内划四瓣花朵纹，边饰绹索纹；两侧挡头的纹饰亦为双线花瓣形开光，开光内划一朵栀子花。通体施绿釉，花朵施白釉，花蕊及开光内施红釉，线条匀称、细腻，色泽清新明快。

345 绿釉陶棺

元代

公安局移交

通长165厘米，前端最高103厘米，最宽64厘米，后端最高91厘米，最宽49厘米

西安博物院藏

泥质陶，通体施绿釉。棺由盖和器身组成。整个棺作单檐歇山顶建筑，屋面有四大坡，前后坡屋面相交形成一条正脊，两山屋面与前后屋面相交形成四条垂脊。其中正脊上有鸱吻，垂脊上有垂兽，屋顶上瓦垄排列整齐，瓦当装饰在椽头，屋檐下斗拱华丽。棺四阔四间房屋式，左二门作妇人启门式，两侧浅浮雕贴塑出花草边开光，每个开光中有二人站立，呈抬头望月姿态。制作精细。

346 孔雀蓝釉瓶

明代
1991年拨交
口径6厘米，高21.5厘米
陕西历史博物馆藏

红胎。喇叭口，平沿，圆唇，细长颈呈倒三角形，颈部有双耳，溜肩，圆腹，器腹呈椭圆形，下接高圈足，圈足呈小钵状。器腹堆塑龙纹，龙双目圆睁，角向上冲，身体盘曲透迤。器身施孔雀蓝釉，内壁、圈足未施釉。“孔雀蓝釉”又称“法蓝”，是以铜元素为着色剂，烧制后呈现亮蓝色调的低温彩釉。“孔雀蓝釉”属于西亚地区的传统釉色，其制品在唐宋期间的商贸往来中被带到中原，并在金、元、明民窑中陆续制作。

347 “大彬”款紫砂壶

明代崇祯十五年（1642年）
1987年延安地区（今延安市宝塔区）王家沟村杨如桂墓出土
口径5.1厘米×6.8厘米，通高15厘米
延安市文物研究院藏

紫砂质，壶为扁圆造型，盖子口，与壶口严丝合缝，盖面隆起，顶设扁圆形纽，正中有一小孔，可穿绳。壶身母口，肩侧置“S”状流，高提梁外圆内平，鼓腹，椭圆形矮圈足。紫泥胎，胎质较细腻，通体紫褐色。腹部一侧有阴刻纵书铭文2行，首行4字，次行1字，读为“吟竹养浩然”，落款为“大彬”2字。外壁有黑色熏烤痕迹。该壶风格古朴，典雅精巧，为明代紫砂壶中之精品。“大彬”即时大彬，是明代著名的紫砂匠人，其父是明万历年间江苏宜兴紫砂工匠时明。

348 兽面十字云纹陶炉

明代

1991年征集

口径14.6厘米，底径8.7厘米，高18厘米

延安市安塞区文化文物馆藏

黑陶。方唇，盘口，直颈，溜肩，鼓腹，腹扁圆，腹部贴塑兽首衔环，平底，肩、颈部对称贴塑条形耳，耳略高于口沿。腹下三兽足为实心足，呈钝锥状。方唇装饰有一周方折雷纹，颈部刻划一周菱形花朵纹，颈部与腹部的衔接处自上而下有三组纹饰，横“S”形、心形、花瓣形各一周，腹中部刻“寿”字纹，纹饰均为阴线刻划而成。

349 珐华鼓形陶炉

明代

1949年以前西安西郊飞机场出土

底径13.5厘米，高10.5厘米

陕西历史博物馆藏

陶胎。圆唇，口沿略外卷，短颈，肩腹丰满圆鼓，腹至底部渐内收，圆足略内收，平底。口下与足部各施一周淡蓝色釉，堆塑有鼓钉。器腹中部堆塑四个兽首，施白釉，器腹整体施宝蓝色釉，颜色对比强烈。整个器形端庄饱满，显得浑厚而稳重。

350 “陈荫千制”款紫砂壶

清代
1981年考古发掘出土
口径10厘米，通高23厘米
陕西历史博物馆藏

茶壶整体造型仿竹段，椭圆形壶身，竹节围饰一圈弦纹，矮圈足，壶嘴塑成三节竹节曲流，提梁式壶把为两枝细长竹枝缠扭而成。盖为椭圆拱形，上贴饰竹叶两丛，盖纽亦为双竹枝相扭呈拱桥式。壶底印钤“陈荫千制”篆书方印。陈荫千为乾隆时期宜兴的制陶名家，生卒年不可考，善制竹节壶，南京博物院、故宫博物院均有收藏。

后　记

《古陶述史——陕西陶器精粹》的编撰，源于对陕西陶器的整理工作，经过两年的梳理和研究，笔者对古陶文明产生了无尽的兴趣。陕西众多文物中，陶器最质朴无华，却也最能代表文化特色和时代特征，是确定遗址、墓葬的年代和文化性质最重要的器物。

从老官台文化出土了陕西的第一件陶器，仰韶时期精美绝伦的彩陶，到秦汉恣意潇洒的彩绘陶器，再到唐宋时期色彩斑斓的三彩器，陕西古陶跨越了数千年的时光长河，见证了中华文明的起源、发展和辉煌。

写作中，笔者深入考古现场，走访博物馆，查阅大量文献资料，力求将陕西古陶的方方面面真实、全面、生动地呈现给读者。书中收录了数百件珍贵的文物图片，并配以翔实的文字说明，希望能带领读者穿越时空，领略陕西古陶的独特魅力。

由于水平有限，本书难免存在疏漏和不足，敬请广大读者批评指正。我们相信，随着考古工作的不断深入和研究水平的不断提高，陕西陶器蕴含的历史文化价值也将得到更充分的挖掘和弘扬。

本书的编撰过程得到许多同仁的帮助，特此向他们表示由衷的敬意与感谢。感谢“陕西历史博物学术文库”编委会的信任与支持，使本书得以完成并交付出版，还要感谢科学出版社，特别是责任编辑为本书付出的辛劳。

田小娟